Carola Schuster-Brink
Regeln und Rituale im Kinderalltag

Carola Schuster-Brink

Regeln und Rituale im Kinderalltag

Urania-Ravensburger

Die Deutsche Bibliothek – CIP-Einheitsaufnahme

Schuster-Brink, Carola:
Regeln und Rituale im Kinderalltag / Carola Schuster-Brink. –
Orig.-Ausg., 2. Aufl. – Berlin : Urania-Ravensburger, 1999
ISBN 3-332-00642-8

Die Schreibweise entspricht den Regeln
der neuen Rechtschreibung.

4   3   2   01   00   99

Originalausgabe
© 1998 Urania-Ravensburger in der Dornier Medienholding, GmbH, Berlin
Alle Rechte vorbehalten
Umschlaggestaltung: Ekkehard Drechsel BDG
Fotos: Martina Hengesbach (Seite 10, 52, 63, 92),
Gerd Pfeiffer (Seite 22, 25, 34, 36, 47, 66, 71, 76, 80, 108, 116, 126),
Michael Seifert (Seite 110)
Gesamtherstellung Appl, Wemding
Printed in Germany

ISBN 3-332-00642-8

Inhalt

Vorwort 7

Feste Regeln geben Sicherheit 11
Regeln beschneiden Bedürfnisse – Lernen steht an erster Stelle – Wie erfassen Kinder Regeln? – Warum sind Bindung und Vertrauen so wichtig? – Woher kommen tief sitzende Gefühle der eigenen Wertlosigkeit? – Kinder müssen Regelhaftigkeit als wohltuend erleben

Wie viel Bräuche braucht der Mensch? 25
Woher kommen Bräuche? – Bräuche verringern die Isolation – Bräuche bündeln Erinnerungen – Bräuche und Kindheit gehören zusammen

Gewohnheiten und Angewohnheiten 35
Gute Gewohnheiten sind Stützen im Alltag – Gewohnheiten müssen Sinn machen – Fatale Gewohnheiten in der Erziehung – Das große Umdenken

Liebevolle Rituale 43
Kleine Rituale zur ersten Übung – Das Badefest-Ritual – Das Trosthöhle-Ritual – Das Musik-zur-blauen-Stunde-Ritual

Hilfen zur Orientierung   53
Ein riesengroßes Lernpensum – Die Orientierung im Raum – Die Farben-Orientierung – Die Form-Orientierung – Die Größen-Orientierung – Die Orientierung an Ordnungen und Relationen – Das Erfassen von Ursache-Wirkungs-Prinzipien – Die Orientierung an der Zeit – Zeit-Spiele

Strukturen im Kinderalltag   65
Der strukturierte Tag – Töpfchenrituale, die helfen – Verlässlichkeit im Tagesablauf – Augenblicke der Trennung – Kinderängste sind nicht selten – Der gelungene Tagesabschluss – Die strukturierte Woche

Worauf ist Verlass?   79
Auf der Suche nach ein bisschen Sicherheit – Sich verlassen können oder sich verlassen fühlen – Wer verlassen wird, verlässt – Versprochen ist versprochen

Regeln und Ausnahmen   93
Ausnahmezustand Urlaub – Krisenzeiten – Kinder zu Besuch – Reisen und Gasthäuser

„Das ist bei uns so Sitte!"   105
Ein etwas altmodischer Begriff – Das Elend mit dem Jugendkult – Gemeinsam am Familientisch – Ordnung ist kein Schimpfwort

Die gute alte Tradition   117
Tradition – ein Begriff fürs Museum? – Kinder und Heimat – Kinder und Religion – Kinder und Jahreszeiten – Rückbesinnung ohne Rückschritt

Vorwort

Als meine eigenen Kinder klein waren, taten sich Kindergärten auf, die jede Regel, jede Tradition für nicht mehr zeitgemäß erklärten. Frei sollten die Kinder sein. Nicht abhängig von Erwachsenen. Nicht durch Verbote und Gebote behindert. Es herrschte Aufbruchstimmung.

Dann kam die Zeit, in der ganz langsam die abgeworfenen Werte durch die Hintertür wieder hereingeholt wurden. Es hatte nicht funktioniert mit der Erziehung ohne deutliche Grenzen, ohne deutlichen Halt.

Inzwischen scheinen wir eine Art Mittelweg in der Art und Weise, wie wir Kinder sehen, gefunden zu haben. Wir lassen sie wachsen und führen sie behutsam. Aber wir haben uns immerhin wieder zur Führung entschlossen und werden nicht mehr rot dabei!

Wir haben gelernt, die eigenen, in vielen Jahren erworbenen Maßstäbe nicht ans Kind zu legen. Kinder wachsen langsam. Wir leben unseren Kindern die von uns für gut befundenen Maßstäbe vor und warten geduldig ab, was sie davon übernehmen.

Wir stellen sinnvolle Regeln auf, die das Kind begreift. Und an die es sich – mit uns zusammen – hält.

Wir geben unseren Kindern:
- Zustimmung,
- Ermutigung
- und liebevolle Anerkennung.

Wir lassen ihnen Freiräume, in denen sie ihre
- Kräfte,
- Fähigkeiten
- und Kreativität

ohne unnötige Eingriffe von außen entfalten können.

Wir stützen das Selbstvertrauen des Kindes und seinen Mut zu sich selbst. Wir lassen es spüren, dass Misserfolge normal sind und keine Katastrophe. Und wir haben begriffen, dass Kinder unentwegt lernen. Das gibt uns den Mut, ihnen Aufgaben zuzumuten, die sie meistern können, um so an ihrem Erfolg zu lernen und zu wachsen.

Dieses Buch möchte Eltern und allen, die professionell Kinder erziehen, Mut machen, wieder mehr Richtung, mehr Wegweisung in der Erziehung erkennen zu lassen.

Die zehn Kapitel des vorliegenden Buches seien im Folgenden knapp umrissen:

- Feste Regeln, die immer auch Grenzen bedeuten, geben Kindern die Sicherheit, die sie brauchen, um sich nicht hoffnungslos zu verheddern.
- Wir lassen die Kinder in Bräuche hineinwachsen, die das soziale Leben konfliktfreier, angenehmer machen.
- Gewohnheiten erleichtern unser tägliches Leben – vorausgesetzt, sie machen Sinn. Und wenn sie Sinn machen, werden sie sogar schon von den Allerkleinsten als hilfreicher Halt empfunden.
- Kinder wollen und brauchen Rituale. Sie helfen ihnen, die gerade beschrittene Welt ein bisschen besser in den Griff zu bekommen.
- Wer miterlebt, wie ein Neugeborenes beginnt, sich in einer völlig fremden Welt zu orientieren, wird großen Respekt vor dieser Leistung haben – vorausgesetzt, er schärft zuvor all seine Sinne ...

- Wir geben dem Kinderalltag eine abwechslungsreiche Struktur, damit das Kind lernt, die Tage voneinander zu unterscheiden und mit der Zeit umzugehen.
- Kinder müssen sich verlassen können. Dazu brauchen sie Eltern, die wie ein Fels in der Brandung zu ihnen stehen – in guten Zeiten und in Zeiten der Krise.
- Wo Regeln anerkannt werden, stürzen auch Ausnahmen das Gebäude nicht um. Kinder brauchen zuweilen auch Ausnahmen ...
- Jede Familie ist anders. Manchmal sollte man allerdings auch den Mut haben zu verteidigen, was in dieser speziellen Familie vonnöten, was hier ganz einfach Sitte ist.
- Je älter Kinder werden, desto mehr interessieren sie sich für das, was früher, was damals war. Traditionen gewinnen an Wert, wenn wir lebendig damit umgehen.

Bücher sind nicht das wirkliche Leben, aber sie können helfen, bereits Geahntes, unklar Gewusstes beherzter in die Tat umzusetzen. In diesem Sinne wünsche ich Ihnen lauter beherzte Taten, die Ihre Kinder kompetent und zugleich zu fröhlichen Menschen machen.

Feste Regeln geben Sicherheit

Wenn zwei oder drei oder mehrere Menschen einvernehmlich miteinander auskommen wollen, erlegen sie sich Regeln auf, die ihr Zusammenleben regeln, es also nicht dem Zufall überlassen. Regeln für mehrere beschneiden immer die Bedürfnisse Einzelner zugunsten anderer. Aber auch wer mutterseelenallein lebt, kommt ohne sie nicht aus. Schon ein Schritt vor die Haustür belehrt ihn, dass er von Regeln umgeben ist, denen er sich nicht entziehen kann. Kinder brauchen feste Regeln, damit ihre Risikofreude sie nicht in die Katastrophe führt. Sie brauchen aber auch Erwachsene, die ihnen vorleben, wie man mit Regeln sinnvoll umgeht, damit sie positive Erfahrungen machen können.

Regeln beschneiden Bedürfnisse

Stellen Sie sich ein Fußballspiel vor, an dem lauter kreative, aktive und fantasievolle Spieler teilnehmen, die alles tun, um ein möglichst aufregendes Spiel vorzuführen. Nur eines tun sie nicht: Regeln einhalten.

Wenn Sie lustige Geschichten mögen, werden Sie dieses Fußballspiel mit Spannung verfolgen. Wenn Sie aber Sachverstand in Sachen Fußball mitbringen, werden Sie wütend den Platz verlassen und Ihr Eintrittsgeld an der Kasse zurückverlangen. Warum?

Ein Fußballspiel, wie wir es kennen und schätzen, unterliegt Regeln; diese machen das Spiel aus. Nur innerhalb der Regeln können die Spieler ihr Talent unter Beweis stellen. Und obwohl sie durch diese diszipliniert werden, entfalten sie positive Kräfte. Die Regeln wirken also nicht wie eine Bremse, sondern eher wie ein Motor für ein Spiel, das von den Zuschauern als kompetent, spannend und ästhetisch begeisternd empfunden wird.

Der Autoverkehr verläuft in manchen Städten ziemlich chaotisch. Es gibt zwar ausreichend Verkehrsregeln, aber für manche Menschen scheinen sie ganz einfach nicht zu gelten. Würde man einmal für einen oder zwei Tage alle Verkehrsregeln außer Kraft setzen, käme ein ziemliches Chaos auf uns zu.

- Wer noch nie viel von Regeln hielt, wird die regellose Zeit für die totale Freiheit halten und sich mächtig ins Zeug legen: schneller sein als andere, dreister und rücksichtsloser; Gewinner auf allen Ebenen, zu einem Preis, den dann allerdings andere bezahlen müssen.
- Wer bislang Regeln für nützlich und vernünftig hielt, wird allenfalls beim Parken gegenüber seinem Gewissen ein Auge zudrücken oder einmal bis dicht an die Ladentüre jener Läden fahren, in denen er gerade einkaufen möchte.

- Es gibt aber noch eine dritte Gruppe, zu der ich mich auch zählen würde: die, die an solch einem regellosen Verkehrstag schlichtweg zu Hause bleiben würde.

Regeln bieten Sicherheit. Da man weder auf die Vernunft noch auf den Anstand mancher Menschen zählen kann, bedarf es fester Gebote, die dem Einzelnen und der Gesellschaft Schutz und Sicherheit geben. Regeln beschneiden aber auch Bedürfnisse. Und weil das so ist, werden sie so oft und so leichtfertig übertreten.

Damit Bedürfnisse nicht miteinander kollidieren, müssen die Bedürfnisse Einzelner zugunsten vieler eingegrenzt werden.

Dafür bietet, außer dem Fußball und dem Straßenverkehr, der Alltag zahlreiche Beispiele:
- Wer nach 22 Uhr noch gerne laute Musik hört, muss dies mit Kopfhörern tun oder damit rechnen, dass die Nachbarn ziemlich ungehalten reagieren und nach der Polizei rufen.
- In Italien ist es neuerdings, auch für Touristen, strafbar, seinen Müll an Ort und Stelle zu entsorgen: Getränkedosen, Zigarettenschachteln, Fast-Food-Abfall oder sonstige Kleinigkeiten, für die der Weg zum nächsten Papierkorb zu weit scheint.
- Wer gerne splitternackt baden möchte, muss dies an dafür freigegebenen Orten tun. In der Regel wird hierzulande von Badegästen Badekleidung verlangt.
- Niemand käme auf die Idee, in einer Kirche zu rauchen, auch nicht in Straßenbahnen oder Läden, obwohl nicht überall ein Verbotsschild steht.
- Stehen an einer Theke oder an der Kasse mehrere Menschen, besteht die ungeschriebene Regel, dass sich niemand ungefragt vordrängen darf. Tut es doch jemand, zieht er ziemlichen Zorn auf sich.

Wir sind, weit mehr, als uns beständig bewusst wird, von Regeln umgeben, die unser soziales Leben in erträglichen Bahnen halten. Alltägliche Regelverstöße nehmen wir sehr wohl wahr, wenn wir auch nicht immer gewillt sind, uns dagegen zu wehren.

Ob bewusst oder unbewusst halten sich die meisten Menschen an die sozialen Regeln des täglichen Lebens. Sie haben, gerade auch durch erlebte Regelverletzungen, die Erfahrung gemacht, dass es mit Regeln ganz einfach besser funktioniert als ohne.

Kinder sind Neulinge auf dem Weg ins soziale Miteinander. Ihnen sagt keine langjährige Erfahrung, dass es mit Regeln besser klappt als ohne.

Dazu kommt noch, und darin besteht eine ganz große Schwierigkeit, dass Kinder mehr Regeln brauchen als Erwachsene. Das hat mit der mangelnden Lebenserfahrung der Kinder zu tun. Je kleiner sie sind, desto weniger können sie ein Risiko, das durch ihr Handeln entsteht, abschätzen. Und da das so ist, wie es ist, sind Kinder in einem sehr hohen Maße risikofreudig. Dem entgegen steht dann die Aufgabe, ja, die Pflicht des Erwachsenen, Kinder vor Schaden an Leib und Leben zu bewahren.

So entstehen zuweilen Gebote und Verbote, feste Regeln und Richtlinien im Kinderalltag, die oft mehr Konflikte als den erhofften Frieden bringen. Woran liegt das? Kinder haben Bedürfnisse. Diese müssen sie haben, sonst wären sie keine aktiven Kinder.

Lernen steht an erster Stelle

Der große, volltourige und selten ruhende Motor der vom Kind geäußerten Bedürfnisse heißt „Lernen". Kinder sind lernende Systeme vom ersten Augenblick ihrer Geburt an. Was sie in den ersten drei Jahren ihres kleinen Lebens lernen, würde sie im Erwachsenenalter fünfzig und mehr Jahre kosten. Das ist der

Grund, warum Kinder sich so mächtig ins Zeug legen, wenn es darum geht, sich selbst und die Welt um sie herum möglichst gut und schnell zu erfassen, und sich so in ihr mit wachsender Selbstständigkeit zurecht zu finden.

Wie groß das Lernpensum der ersten drei Jahre im Leben eines Kindes ist, wird am ehesten deutlich, wenn man ein Neugeborenes genau beobachtet und sich dann vorstellt, was drei Jahre später sein wird:

- Das Kind hat einen Wortschatz bis 3000 Wörter, manche sogar mehr.
- Es äußert Gefühle und vermag fremde Gefühlsäußerungen zu beantworten.
- Es kann schon Verse und Reime auswendig hersagen und hört beim Vorlesen zu.
- Es malt zum Kopf jetzt auch die Arme und Beine und kennt alle wichtigen Farben.
- Die Kinderschere handhabt es souverän.
- Anziehen und Ausziehen werden mutig angegangen.
- Blase und Darm werden immer zuverlässiger kontrolliert.
- Das Milchgebiss ist vollständig.
- Dreirad oder Fahrrad mit Stützen wird gut beherrscht.
- Das Kind kann sich an Ereignisse erinnern, die fast ein Jahr zurück liegen.
- Mit anderen Kindern kommt das Dreijährige immer besser zurecht. Erste Freundschaften entstehen.
- Kurzfristige Trennungen von der Mutter übersteht es voller Vertrauen.

Vom Neugeborenen zum fast perfekten Sozialwesen braucht der Mensch gerade mal drei Jahre, wenn er in seinem Lernen nicht behindert wird. Und das ist genau der Punkt, an dem Erziehung sich als Kunst und nicht als Erblast aus eigenen Kindertagen erweisen muss.

Regeln aufstellen, ohne die Bedürfnisse eines Kindes, also sein Lernbedürfnis zu behindern, das ist der Drahtseilakt, zu dem sich Eltern entschließen müssen, die ein kluges und kompetentes Kind wollen.

Wie erfassen Kinder Regeln?

Kinder sind unsere schärfsten Beobachter. In den ersten drei Lebensjahren scheinen sie nichts anderes im Sinn zu haben, als Mama und Papa detektivisch zu beobachten.

Schon Neugeborene können nach wenigen Tagen den Gesichtsausdruck der Mutter imitieren, so genau sehen sie hin. Das Kind ahmt Bewegungen und Laute nach. Es scheint, als herrsche die Parole vor: Was du kannst, will ich auch können! Dadurch hat es einen ungeheuren Vorteil: Es lernt nahezu von selbst!

Wir müssen mit dem Kind nicht üben oder uns ausdenken, was als Nächstes dran ist. Wir müssen ihm nur gestatten, so dicht bei uns zu sein, dass es von sich aus nachahmen kann, was für seine Entwicklungsstufe gerade wichtig ist. Und was es nachahmt, sollte in der Tat auch nachahmenswert sein.

Das Leben der Erwachsenen, der Eltern, verläuft regelhaft. Es ist eine Regel, dass Tag und Nacht einander abwechseln. Erwachsene, die einen anstrengenden Tag bestehen müssen, brauchen die Nacht zum Regenerieren. Kinder sehen das oft weniger eng. Sie haben ja auch am Tag hinreichend Gelegenheit zum Ausschlafen.

Hier entsteht meist der erste Konflikt zwischen Eltern und Kindern. Die Eltern möchten ihre Nachtruhe verteidigen, das Kind besteht auf seinem Bedürfnis, auch nachts Zuwendung und Nahrung oder Flüssigkeit zu bekommen. In dieser Situation gibt es nur einen Rat:

Die elterlichen Bedürfnisse müssen zurückstehen.
Die kindlichen Bedürfnisse haben Vorrang vor allen anderen!

Feste Regeln geben Sicherheit 17

Was das Kind in den ersten zwölf Monaten seines Lebens am dringendsten braucht, ist das wachsende Vertrauen in seine Umgebung. Dieses Ur-Vertrauen braucht es schlichtweg zum körperlichen und noch mehr zum seelischen Leben und Überleben. Nur über Vertrauen entsteht Bindung. Und nur Bindung vermag Vertrauen langfristig – und damit meine ich bis ins Erwachsenenalter – zu sichern.

Bindung ermöglicht, vertrauensvolles Verhalten aufzubauen. Dieses vertrauensvolle Verhalten ist die Basis, auf der das Kind lernt. Kinder ohne Vertrauen in ihre Umwelt lernen nicht, sie wehren sich im besten Fall. Man nennt sie dann aggressiv oder verhaltensgestört.

Die erste Regel im frühen Kinderleben kann also nur lauten:

Wir tun alles, damit unser Kind Vertrauen ins Leben gewinnt und eine stabile Bindung zu seinen Eltern und seiner Umgebung aufbauen kann.

Warum sind Bindung und Vertrauen so wichtig?

Wenn uns wieder einmal eine Meldung in der Zeitung oder in den Nachrichten aufschreckt, in der von Jugendlichen berichtet wird, die ihr eigenes Leben oder das wildfremder Menschen mutwillig gefährden, läuft uns ein kalter Schauer über den Rücken.

Was sind das für Menschen, die ja eigentlich noch vor ganz kurzer Zeit Kinder waren? Wie sind ihre Mütter, ihre Väter mit ihnen umgegangen? Was haben diese Jugendlichen vom Leben erfahren, in ihrer Umwelt gelernt, dass sie so voller Hass stecken? Und warum haben sie keine Bremse oder Warnanlage, die sie vor so viel Unheil und den Folgen ihres Verhaltens bewahren könnte?

Mit diesem Thema setzen sich nicht nur in unserem Land immer mehr Experten auseinander. Erste Analysen dazu könnten so lauten: Es handelt sich bei diesen gewaltbereiten Jugendlichen um Menschen, die ein tief verinnerlichtes Gefühl der eigenen „Wertlosigkeit" kennzeichnet. Ihre sozialen Bindungen sind so schwach oder brüchig, dass sie anfällig werden für „starke" Parolen, „starke" Führer oder „starke" Gruppen. Mit ihnen gehen sie eine Pseudo-Bindung ein und tun alles, um dazu zu gehören, auch, um deren Vertrauen zu gewinnen.

Wer sich selbst nicht für „wertvoll" hält, kann auch andere nicht wertschätzen, deshalb wenden sich solche starken Parolen, Führer oder Gruppen meist solchen zu, die vermeintlich noch wertloser sind als sie selbst.

Woher kommen tief sitzende Gefühle der eigenen Wertlosigkeit?

Sie entstehen meist in der frühesten Kindheit. Um seelisch gesund heranzuwachsen, braucht das Neugeborene ein stabiles Fundament aus Bindung und Vertrauen. Und dieses stabile Fundament erwirbt sich ein Säugling etwa so:

- Schreien ist zunächst seine einzige Form der Mitteilung.
- Bedürfnisse bewegen das Kind zum Schreien.
- Werden die Bedürfnisse gestillt, lernt das Kind etwas ganz Wesentliches: Mir geht es nicht gut. Ich schreie: Jemand kommt und lindert meine Not. Danach geht es mir wieder gut.
- Geht es dem Kind gut, schreit es nicht. Es schläft, guckt oder döst. Bekommt es jetzt liebevolle Ansprache und Zuwendung, kann es das genießen, weil es von keinem Bedürfnis geplagt wird. Es lernt: Auch wenn ich nicht schreie, kommt jemand vorbei und beschäftigt sich mit mir.
- Allmählich nimmt das Kind seine eigenen Bedürfnisse immer differenzierter wahr.

Feste Regeln geben Sicherheit

- Dadurch werden seine Mitteilungen, also sein Schreien, ebenfalls immer differenzierter. So klingt Hungergeschrei anders als das Geschrei aus Langeweile.
- Die immer differenzierter werdenden „Rufe" des Kindes werden in der Regel von seiner Umwelt immer differenzierter beantwortet. Eine Mutter, die gut hinhört, wird ihrem Kind keine Mahlzeit aufzwingen, wenn es nach Herumtragen, Nähe und Schmusen „ruft".
- Der Regelkreis:
Bedürfnis
Bedürfnis – Mitteilung
Bedürfnis – Befriedigung
schließt sich und vermittelt dem Kind Vertrauen. Das Vertrauen ist an Personen gebunden.
- Diese Personen verleibt sich das Kind regelrecht ein. Sieht oder hört, riecht oder fühlt es seine Bezugspersonen nicht, fühlt es sich verlassen. Auch auf kürzeste Trennungen reagiert es mit Angst.
- Trennungsangst ist der Preis für die Bindung. Wer keine Bindung fühlt, muss auch keine Trennung fürchten.
- Bindung und Vertrauen, so wurde schon einmal gesagt, sind die Basis, auf der ein Kind lernt.

Das sei im Folgenden an einem Beispiel erläutert:
- Das Kind hat Hunger, schreit und bekommt die Flasche.
- Nach einer Weile hat das Kind den Regelkreis begriffen und vertraut darauf, dass es immer so ist.
- Jetzt passiert etwas Erstaunliches: Das Kind schreit kurz, damit die Mutter Bescheid weiß. Es vertraut darauf, dass sie bald mit der Flasche kommt. In der Zwischenzeit horcht es angestrengt auf alle Geräusche, die mit der Zubereitung der Flasche zu tun haben. Dabei leckt es sich in Erwartung der Mahlzeit schon mal die Lippen, bringt Laute hervor.

- Wenn jetzt die Mutter mit dem Kind redet, vor seinen Augen mit der Flasche hantiert, wird es vor Freude mit allen Vieren strampeln und den freundlichen Gesichtsausdruck der Mutter zu imitieren versuchen.
- Das Kind hat, ganz von sich aus, sein Bedürfnis kurzfristig aufgeschoben und dabei angenehme Lernerfahrungen gemacht. Dies war nur möglich, weil das Kind sicher wusste: Ich bekomme die Flasche!
- Ein Kind, das kein Vertrauen hat, muss schreien, bis sein Bedürfnis gestillt wird. Es muss sich sozusagen permanent in Erinnerung bringen, sonst wird es vergessen. In den Phasen, in denen es seine Wahrnehmung schärfen, also lernen könnte, muss es sich um die Befriedigung seiner Bedürfnisse sorgen. Danach ist es erschöpft. Wer erschöpft ist, lernt nicht.
- Wer Bindung und Vertrauen hat, sich aufgehoben und geborgen fühlt, streckt die Fühler immer weiter aus. Mit wachsender Wahrnehmung mehren sich dann die Erfahrungen. Dies sind beim kleinen Kind vornehmlich soziale Erfahrungen. Und auf diese Weise findet es seinen Platz in der Familie und in der nächsten Umgebung. Es findet Anerkennung und damit Ansporn zu seiner weiteren sozialen Entfaltung.

Kinder, die Vertrauen und Bindung nicht oder nicht zuverlässig genug erleben, haben wenig Chancen, soziale Qualitäten auszubilden.

Sie können ihren sozialen Blick nicht schärfen; sie können ihre Bedürfnisse nicht aufschieben; sie plagen sich mit Verhaltensweisen herum, die von der Umwelt als nervig und unangenehm empfunden werden.

Damit erreichen sie statt Anerkennung vorwiegend Ablehnung. Mit der Zeit stellt sich das Gefühl ein: Ich bin nichts wert, keiner mag mich.

Kinder müssen Regelhaftigkeit als wohltuend erleben

Nach alledem, was bislang gesagt wurde, steht außer Frage, dass Kinder mit ihrem Eintritt ins Leben entweder mit der konsequenten Regelhaftigkeit ihrer Umgebung oder deren Unregelmäßigkeit Erfahrungen sammeln. Diese Erfahrungen prägen das Kind.

Wird Regelhaftigkeit als wohltuend erlebt, erwirbt das Kind Sicherheit. Es erwirbt aber auch ein Regelverständnis, das ihm hilft, sich seinerseits an Regeln zu halten, mit denen es positive Erfahrungen gemacht hat.

Dies ist ganz wichtig, weil ja Regeln oftmals dem eigenen Bedürfnis widerstreben. Nur wer lernt, Bedürfnisse aufzuschieben oder einen Kompromiss zu schließen, kann langfristig Regeln akzeptieren.

Je kleiner ein Kind ist, desto mehr Regeln umgeben es. Diese Regeln sind nicht immer einsehbar:
- Warum soll man nicht auf die Fensterbank klettern, um mal in aller Ruhe den Verkehr zu beobachten?
- Warum muss ein Kind selbst im schönsten Kaufhaus an Mamas Hand bleiben?
- Warum darf man im Bad nicht aus den bunten Plastikflaschen trinken? Was so hübsch aussieht, müsste eigentlich auch gut schmecken.

Kinder, die ihrer Umgebung vertrauen und mit diesem Vertrauen nur gute Erfahrungen gemacht haben, die eine starke Bindung zu verteidigen haben, reagieren zu meist sehr sensibel, wenn der Erwachsene etwas ablehnt. Zuwiderhandeln würde ihnen ein Stirnrunzeln einbringen, womöglich ein lautes oder hartes Wort. Ihre Bindung ist ihnen so wichtig, dass sie ihre Bedürfnisse ohne großen Protest zurückstellen können. Sie

22 Feste Regeln geben Sicherheit

haben von frühester Kindheit an Regelhaftigkeit als wohltuend erlebt. Sie verlassen sich darauf, dass ein Nein ein Nein ist und ihnen Ärger erspart. Der Spielraum, der ihnen zum Lernen und Handeln zur Verfügung steht, reicht ihnen aus. Sie fühlen sich sicher darin. Und zum Glück wissen kluge Eltern ja auch, dass größer werdende Kinder größer werdende Handlungsfreiräume brauchen. Und so kann es nur ein Ziel für sie geben:

Kinder sind Neulinge auf dem Weg ins soziale Miteinander. Sie brauchen starke Erwachsene, die sich getrauen, sich selbst Regeln aufzuerlegen, die Kindern das Vertrauen vermitteln, auf dem richtigen Weg zu sein.

Kinder wollen und brauchen soziale Anerkennung, damit sie seelisch gesund heranwachsen. Kluge Regeln, die aus Vernunft und Einsicht kommen, helfen ihnen dabei.

Wie viel Bräuche braucht der Mensch?

Einmal abgesehen von Weihnachts- oder Osterbräuchen, die jedem gleich zum Stichwort Bräuche einfallen, gibt es unzählige andere, die weniger spektakulär sind. Sie begleiten unseren Alltag ganz selbstverständlich, ohne dass wir uns viele Gedanken darüber machen.
Wer mit Kindern zu tun hat, wird feststellen, wie sehr sie Bräuche lieben und brauchen. Kinder brauchen Wiederholungen!
Was ihnen einmal gut gefallen hat, möchten sie zweimal, dreimal, am besten viele Male wiederholen. So entstehen von Familie zu Familie feste Bräuche, die oft Jahre, manchmal Jahrzehnte überdauern und an die eigenen Kinder weitergegeben werden.

Woher kommen Bräuche?

Wenn in irgendeinem Bereich unseres Lebens von Regeln die Rede ist, scheint das streng zu klingen. Regeln stehen im Verdacht zu reglementieren und die Freiheit zu beschneiden. Dass sie individuelle Bedürfnisse einschränken, davon war bereits die Rede. Es wurde aber auch aufgezeigt, dass Regeln das Zusammenleben von Menschen wohltuend gestalten.

Wenn von Bräuchen die Rede ist, klingt das weit weniger streng. Dafür stehen sie im Verdacht, antiquiert und dem modernen Menschen nicht mehr angemessen zu sein. Es gibt Menschen, die lehnen Bräuche rundweg ab. Sie halten sie für spießig und verstaubt. Wer modern denkt und handelt, gestaltet sein Leben spontan und frei. Wirklich?

Um unserer heimlichen Neigung zu Brauch und Brauchtum ein wenig auf die Spur zu kommen, ist ein Blick rückwärts in die Erinnerung hilfreich und ein Blick auf den ganz normalen Alltag notwendig. Dazu ein paar ganz allgemeine Fragen:

Wie gestalten Sie Ihr Wochenende:
- Zelebrieren Sie Ihr Frühstück anders als an den übrigen Wochentagen?
- Gehen Sie in aller Ruhe zum Wochenmarkt?
- Bereiten Sie genüsslich ein Sonntagsmenü vor?
- Gönnen Sie Ihrem Körper Ruhe, Pflege und Entspannung?
- Verbringen Sie Sonntage in aller Regel anders als die übrigen Wochentage?

Auch wer Bräuche ganz allgemein für nicht notwendig hält, schafft sich trotzdem Bräuche, die der Zeit eine Struktur geben und der Seele eine angenehme Ordnung verleihen. Wie sehr wir Bräuche lieben und fest darin wurzeln, wird an weiteren Fragen deutlich:

Stellen Sie sich vor, Sie haben Geburtstag und niemand meldet sich:
- keine Blumen,
- kein Geschenk,
- kein Brief, keine Karte,
- kein Telefonanruf,
- kein Händedruck, nichts.
   Was fühlen Sie?

Stellen Sie sich vor, dies geschieht an einem „runden" Geburtstag; einem Datum also, das eine gewisse magische Wirkung hat. Lässt es Sie unberührt?

An einem runden Hochzeitstag ist Ihr Partner auf Dienstreise. Siehe obiges Szenario. Was geht in Ihnen vor?

Die Unterbrechung eines geliebten Brauches kann sehr schmerzhaft sein, weil sich an Bräuche gleichermaßen Erwartungen, Emotionen und Erinnerungen knüpfen.

Wenn Paare sich jahrelang ein gemeinsames Schlafzimmer teilen und einer zieht ohne Vorwarnung in ein anderes Zimmer um, läuten alle Alarmglocken: Was bewegt den Partner, einen jahrelang gehegten Brauch so plötzlich über Bord zu werfen? Bricht der Partner nun auch noch mit dem Brauch, den jahrelang getragenen Ehering vom Finger zu streifen, kann es möglich sein, dass die innere Substanz dieser Beziehung gefährdet ist.

Bräuche sind eben auch eine Art „Verpackungskennzeichen". Wenn ehelicher Brauch draufsteht, möchte man auch eheliche Substanz darin vermuten.

Ein weiteres Beispiel: Sie gehen mit einem guten Bekannten aus. Dass er Sie nicht rechts gehen lässt, könnten Sie tolerieren. Dass er Ihnen keine einzige Tür aufhält, macht sie stutzig. Im Lokal angekommen, stürzt er sich über die Speisekarte und bestellt hektisch. Als das Essen kommt, greift er zu. Dass Sie die Speisekarte noch gar nicht in der Hand hatten, nimmt er nicht einmal wahr. Messer und Gabel lässt er links liegen. Er hat ja fünf Finger an jeder Hand. Nachdem er gut gegessen und getrunken hat, teilt er dem Kellner mit, dass sie jetzt bezahlen möchten, weil er noch einen dringenden Termin wahrnehmen muss.

Alles in Ordnung? Und die Frage sei erlaubt: Wann gehen Sie mit diesem Typen wieder aus?

Zwischen Männern und Frauen haben sich gewisse Bräuche eingespielt, die das Miteinander regeln und darüber hinaus angenehm und verlässlich gestalten. Starre Rollenbilder haben sich inzwischen zwar gelockert, aber ein gewisses Grundmuster besteht noch immer. Diese Grundmuster sind ideeller Natur: Jemandem die Tür aufhalten, in den Mantel helfen, zuerst grüßen oder ein sperriges Gepäckstück abnehmen, ist noch immer der ideelle Part der Männer.

Dass der arbeitslose Lehrer die Zeche für die betuchte Geschäftsfrau zahlt, nur weil er ein Mann ist, kommt allenfalls noch in Witzen vor. Frauen, die selbst Geld verdienen, starren längst nicht mehr auf die Geldbörse ihres männlichen Begleiters. Inzwischen zahlt jeder für sich und empfindet das als gerechte Lösung zwischen gleichrangigen Partnern.

Bräuche entwickeln sich in Familien, in Hausgemeinschaften, an Arbeitsplätzen, in allen Gemeinschaften, die Wert darauf legen, harmonisch und einvernehmlich miteinander auszukommen. Der Weg verläuft etwa so:

- Eine positive Handlung findet Anklang.
- Weil sie Anklang findet, wird sie wiederholt.
- Nach einigen Wiederholungen ist es Brauch, dieses genau so zu tun.
- Der Brauch wird sozial so stark akzeptiert, dass er sich von der Person, die damit begonnen hat, zu lösen vermag. Andere

nehmen die Handlung auf und geben so den Brauch weiter. Nach einer Weile wird dieser Brauch zur Tradition und kaum noch hinterfragt.

Dazu einige Beispiele:
- In einem Mehrfamilienhaus stehen auf jeder Etage drei Blumentöpfe auf der Fensterbank des Treppenhauses. Mieter ziehen ein und aus. Die Tradition der drei Blumentöpfe wird wortlos am Leben gehalten.
- Am Montagmorgen, kurz nach acht, finden sich die Mitarbeiter einer kleinen Firma in einem kleinen Raum ein, kochen Kaffee, packen ihr Frühstück aus und beginnen fröhlich die Woche miteinander. Wer damit begonnen hat, weiß niemand mehr so recht.
- In einer kleinen Straße hängen jeden Samstagmorgen Stoffbeutel an den Gartenzäunen. Ein Fahrradfahrer sammelt sie ein und hängt sie nach einer Weile prall gefüllt wieder an die alten Plätze zurück. Abgezähltes Geld und Brötchenwunschliste fand er innen im Beutel vor. Dieser Brauch ist längst Tradition.

Ich kenne, und wahrscheinlich kennen auch Sie eine Menge solcher Bräuche, die Teil unseres Lebens sind und deren Existenz uns erst bewusst wird, wenn der Brauch jäh unterbrochen wird.

Die wahren Meister der Bräuche sind die Religionen:
- Formen,
- Riten,
- Zeremonien und
- Traditionen

sichern immer gleiche Abläufe, auf die Verlass ist. Sie binden den Teilnehmer in eine Gemeinschaft ein und erzeugen ein starkes Wir-Gefühl. Der Einzelne verliert seinen einsamen Raum zugunsten von ritualisierter Nähe.

Bräuche verringern die Isolation

Wie sehr die Menschen auf der Suche nach solchen Bräuchen sind, beweist der starke Zulauf der Sekten aller Art. Der Mensch braucht Bräuche, ob er es sich nun eingesteht oder nicht, ob er alte Bräuche verwirft oder reduziert, ohne Bräuche isoliert sich der Mensch von anderen Menschen. Und das ist wider seine Natur und kann ihn krank machen oder zumindest stark verändern.

Wie kein anderes Lebewesen lebt und zehrt der Mensch von seinen Erinnerungen. Sich erinnern zu können, ist ebenso menschlich wie vorausschauendes Befassen mit der Zukunft. Niemand vermag nur dem Augenblick zu leben, auch wenn er es sich noch so sehnlich wünscht.

Wenn ein gutes Gespräch oder eine herzliche Umarmung zu Ende ist, beginnt die Erinnerung daran und die Vorstellung davon, wie es weitergeht. Dazu brauchen wir unseren Kopf. Menschliches Leben findet zu großen Teilen auf der wundervollen Bühne unseres Gehirns statt.

Aber was hat das alles mit der Frage zu tun, wie viel Bräuche der Mensch braucht? Sehr viel. Denn um klarzumachen, wie sehr wir in und von Bräuchen leben, müssen wir einen tiefen Blick rückwärts in die Erinnerung wagen.

Nehmen wir Weihnachten. Bis zum Ende unserer Kindheit haben wir viele Male Weihnachten erlebt. Wenn wir nun Erinnerungen abrufen, stehen nicht einzelne Weihnachtsfeste, hübsch nach Jahreszahlen geordnet, auf, sondern Weihnachten sozusagen als fest verschnürtes Weihnachts-Erinnerungs-Paket.

„Weihnachten war immer so", werden Sie sagen. Gewiss war es aber nicht immer nur „so", sondern ebenfalls auch anders. Aber die Summe aller Weihnachten war eben doch „so" und kein bisschen anders, weil es da nämlich den roten Weihnachtsfaden gibt, der Weihnachten in der Erinnerung unvergesslich gebündelt hat.

Dieser rote Faden hat mit den Bräuchen zu tun, den immer gleichen Abläufen, die sich über Jahre und Jahrzehnte hinweg in der Erinnerung festhalten und sich mit wachsendem Abstand noch verstärken, nicht selten sogar verklären.

Bräuche bündeln Erinnerungen

Und damit sind wir beim Thema dieses Buches und sogar mittendrin. Wenn wir uns an die schönen Tage unserer Kindheit erinnern, dann sind wir meist geneigt zu sagen: „Das war immer so ..."

- Wir denken, dass es jeden Winter geschneit hat und dass in jedem Winter die Schlitten bereit standen und wilde Schneeballschlachten stattfanden. Unsere Erinnerung ist überzeugt davon. Und ein paar Mal ist es ja auch tatsächlich so gewesen.
- Wir denken, dass an jedem Nikolaustag der Nikolaus im roten Mantel an die Tür klopfte, uns ins Verhör nahm, um dann doch endlich den großen Sack vor uns zu leeren. Tatsächlich war das ein paar Mal so, aber unsere Erinnerung möchte doch lieber, dass es immer und immer so gewesen ist.
- Immer wenn der Vater von einer Reise zurückkam, brachte er den Kindern etwas mit.
- Die Großeltern schenkten uns immer heimlich Geld, damit wir auf dem Jahrmarkt mithalten konnten.
- Sonntags fuhren wir immer zum See und machten Picknick und spielten Räuber und Gendarm bis in die Nacht hinein.

Erinnern Sie sich? Der Mensch hat eine tief verwurzelte Sehnsucht nach Brauch und Tradition. Wir sind glücklich, wenn wir sagen können: Das war immer so. Es verleiht uns Wurzeln, macht uns weniger flüchtig und gleichzeitig zugehörig zu etwas, was seine Beständigkeit schon bewiesen und Zeiten überdauert hat.

Bräuche und Kindheit gehören zusammen

Wenn Erwachsene ihre Bräuche brauchen, sei es, um real damit ihre Zeit oder ihr soziales Leben zu strukturieren und in Ordnung zu halten, oder sei es, um ihre Erinnerungen aufgrund erlebter Bräuche glückhafter bündeln zu können, um wie viel mehr sind dann Kinder auf Bräuche angewiesen? Kinder stehen ja ganz am Anfang ihres Erinnerns.

Kinder sind Fremde in einer fremden Stadt, in einem unbekannten Land; wenn ihnen nicht Bräuche und Gewohnheiten den Weg zeigen, verlaufen sie sich rettungslos.

Auf die Frage, wie viel Bräuche der Mensch braucht, möchte ich am Ende dieses Kapitels sagen: So viel er in der Kindheit fassen kann! Denn in der Pupertät, in der Ausbildung und zuletzt im Berufsleben verabschiedet sich der Mensch von seinen Bräuchen oder bewertet sie neu. Nur wenige behält er bei, einige schafft er neu. Aber wenn er sich erinnert, werden es die Bräuche seiner Kindheit sein: „Damals", wird er sagen, „damals war das immer so ..."

Und es sind nicht nur die „großen" Bräuche, die in der Erinnerung weiter leben. Es sind auch die kleinen, fast heimlichen Bräuche, die der Kindheit ihren eigentümlichen Glanz geben:

- Wenn es dunkel wurde, lief der Vater ums Haus herum und schloss alle Fensterläden.
- Samstags gab es zum Abendbrot Kakao und Rosinenbrötchen.
- Am Sonntagmorgen war Höhlenbau mit anschließender Kissenschlacht im Elternbett angesagt.
- Am ersten Ferientag im Sommer fuhr Mutter mit uns in die Stadt zum Einkaufen.
- Wenn die Großeltern zu Besuch kamen, gingen sie mit uns ins Café Kranzler.

- Wer krank im Bett lag, bekam den roten Spielzeugkoffer, der sonst streng verschlossen war.

Wiederkehrende Handlungen, wenn sie den Charakter eines Brauches annehmen, bilden in unserem Leben eine Art verlässlichen Stützpunkt. Kinder lieben diese verlässlichen Stützpunkte über alles. Sie kennen das sicher auch, wenn Sie abends Geschichten vorlesen: Wenn Sie an einer bestimmten Stelle einmal geseufzt oder die Augen gerollt haben, dann müssen Sie das am nächsten Abend genau so wiederholen. Wenn Sie sich beim Spaziergang einmal an einer bestimmten Stelle versteckt haben, dann müssen Sie das morgen und übermorgen und noch viele Male wiederholen.

Es ist die Wiederholung, die Kindern Freude macht und gar nicht mal das ständig Neue, wie wir oft fälschlich annehmen. Kinder brauchen Bräuche. Bräuche sind die bekannten Elemente in einem ansonsten noch sehr unbekannten Gebäude, das Kinderalltag heißt.

Gewohnheiten und Angewohnheiten

Was sich ein Mensch im Laufe seines Lebens so angewöhnt, kann auf die Dauer ganz schön lästig werden. Deshalb sollten Erwachsene gelegentlich einmal innehalten und ihre Gewohnheiten und Angewohnheiten unter die Lupe nehmen. Macht es noch Sinn, was ich da tue? Oder stehe ich mir damit eher selbst im Weg?
Kinder sind unsere besten Kritiker, wenn es um eingeschliffene Verhaltensweisen geht, deren Sinn sie nicht entdecken können. Gute Gewohnheiten hingegen werden von Kindern sehr geschätzt. Sie merken schnell, dass diese den täglichen Kleinkram erleichtern helfen. Gute Gewohnheiten geben Kindern selbst dann noch Halt, wenn es einmal kurzfristig drunter und drüber geht.

Gute Gewohnheiten sind Stützen im Alltag

Es ist eine schöne Gewohnheit den Abschluss einer anstrengenden Tagung oder das Ende eines langen Gesprächs oder ganz einfach einen besonderen Tag mit einem gemeinsamen Essen und einem guten Glas Wein zu krönen.

Dasselbe Glas Wein kann aber auch gewohnheitsmäßiger Bestandteil eines immer gleichförmigen Alltags sein. Auch Essen kann gewohnheitsmäßige Züge annehmen und damit ebenfalls zur Sucht verkommen.

Nahezu jeder Brauch kann seinen sozialen Sinn verlieren und zur puren Gewohnheit oder schlechten Angewohnheit werden. Seit Jahren beobachte ich die Kindergeneration mit der „angeborenen" Trinkflasche. Dass Kinder viel Flüssigkeit brauchen, ist unbestritten. Aber kein gesundes Lebewesen trinkt permanent. Es gibt Essens- und Trinkzeiten, die von der individuellen Natur des einzelnen Lebewesens diktiert werden und sich als Hunger oder Durst anmelden. Sind Hunger und Durst gestillt, beschäftigen sich Magen und Darm mit der zugeführten Nahrung und Flüssigkeit und möchten in Ruhe gelassen werden.

Den Teeflaschenkindern wurde trinken „künstlich" angewöhnt. Die immer griffbereite Flasche übernahm bald auch eine Funktion als Krisenmanager. Quengelte das Kind, weil es all der vielen akustischen und visuellen Reize nicht mehr Herr wurde, wurde ihm die Flasche in den Mund gesteckt. Bald sah man Heere von Kleinkindern, die, an der Flasche hängend, im Buggy saßen. Was ist aus ihnen geworden?

Was aus ihnen geworden ist, kann jeder Lehrer mit dem bloßen Auge feststellen: Man geht nicht mehr ohne Dose! Selbst im Kindergarten haben die Kleinen ihr Fläschchen im Griff. Schulhöfe sind übersät mit Dosen und Flaschen. Genauso ergeht es Spielplätzen, öffentlichen Anlagen und den Geschäftsstraßen in den Innenstädten.

Die Generation mit der „angeborenen" Trinkflasche hat nie gelernt, ihr Trinkgerät zu entsorgen. Sie waren winzig klein, als ihr Fläschchen immer für sie da war und im Übrigen die Mutter, zuständig für alles rund ums Fläschchen. Ganz selbstverständlich setzen heutige Kinder ihre Dose, ihre handliche Limoflasche dort ab, wo sie gerade leer wurden. Der Gang bis zum nächsten Papierkorb kommt den meisten erst gar nicht in den Sinn.

Hier bestätigt sich einmal mehr das Sprichwort vom Hänschen, das später perfekt kann, was es früh gelernt hat. Nur ist es in diesem Fall eine sehr fatale Angewohnheit, die Hänschen da mit unserer unkritischen Hilfe erworben hat.

Gute Gewohnheiten übernehmen für den Einzelnen, ähnlich wie gute Regeln oder Bräuche, eine stützende Funktion. Überdies machen gute Gewohnheiten und gute Bräuche soziales Zusammenleben leichter. Hier ein paar Beispiele:

- Ein fröhliches „Grüß Gott", „Moin Moin" oder „Hallo" bedarf keiner großen Anstrengung. Es zeigt aber dem anderen: Ich nehme dich wahr und begrüße dich.
- Anderen nicht ins Wort zu fallen, ist nicht nur eine Frage der Höflichkeit. Wer nicht zuhören kann, bleibt meist auf der eigenen Meinung sitzen. Auf die Dauer ist es aber wenig interessant, sich mit Menschen zu unterhalten, die ausschließlich im eigenen Saft schmoren.
- „Bitte" und „danke" zu sagen, bringen wir kleinen Kindern bei, als ob sie Papageien wären. Bitte und danke sind aber Zauberwörter, die Hänschen ganz früh von ganz allein lernt – und dann für immer kann! -, wenn es diese Wörter an uns wahrnimmt und ebenfalls die Haltung, die sich damit verbindet.
- Gemeinsame Mahlzeiten sind ein guter Brauch. Sich zwischendurch den Magen mit Süßigkeiten und Limonade voll zu schlagen, ist eine üble Angewohnheit, vor der wir unsere Kinder von kleinauf schützen sollten.

Gemeinsame Gewohnheiten haben auch viel mit dem weiten Feld zu tun, das wir Ordnung nennen und von dem wir uns wünschen, dass unsere Kinder sich darin zu Hause fühlen wie in einem Lustgarten.

Die Ordnung, von der ich hier sprechen möchte, hat einen sozialen Sinn und ist verwandt mit dem guten Brauch:
- Ich stelle den Schirm an die Stelle, die mit den anderen Familienmitgliedern verabredet ist.
- Der Schuhlöffel, die Schere, der Dosenöffner und ähnliche Dinge werden nicht individuell irgendwo abgelegt, sondern auf einem ganz bestimmten Platz, damit niemand suchen muss.
- Wer den letzten Zuckerwürfel nimmt, das letzte Papiertaschentuch, das letzte Blatt von der Klorolle, sorgt an Ort und Stelle für Nachschub. Dies muss Gewohnheit sein.

- Füße abtreten, Aschenbecher leeren, Klodeckel schließen und ähnliche Handgriffe, die wir den Alltagsgewohnheiten zurechnen, machen das Zusammenleben ganz einfach leichter.

Konflikte im Familienleben entzünden sich selten an großen Ereignissen. Es sind in aller Regel die kleinen Vorkommnisse, die den Kragen platzen lassen, weil ihre Häufung an den Nerven zehrt:
- in falscher Richtung ausgedrückte Tuben,
- verlegte Dinge, besonders Schlüssel,
- hinterlassene Unordnung,
- Kleckser auf der Tischdecke,
- rücksichtsloses Ausräubern des Kühlschranks,
- fehlende kleine – selten große! – Geldbeträge.

Oder was gibt es speziell in Ihrer Familie, das Ihnen erheblich an den Nerven zehrt?

Gewohnheiten müssen Sinn machen

Leider hat jede gute Gewohnheit in sich den Mechanismus, sich in eine schlechte Angewohnheit zu verkehren, wenn der Sinn, der einmal der Handlung zugrunde lag, zum Unsinn verkommt.

Es ist nützlich, Dinge dort vorzufinden, wo sie ihren angestammten Platz haben. Es gibt aber Ordnungsfanatiker und Pedanten, die sich und anderen das Leben schwer machen mit einem Ordnungsanspruch, der jeden sozialen Sinn verloren hat:
- Kinder werden gezwungen, jeden Bauklotz, jedes Spielzeug sofort und ohne Widerrede aufzuräumen.
- Schuhe werden in Reih und Glied gestellt und die Wäschestücke im Schrank mit dem Lineal nachgemessen.
- Jedes Stäubchen, jeder Krümel, jede Fliege, jedes Haar wird umgehend beseitigt.

- Teppichfransen müssen stets ordentlich in eine Richtung gucken.
- Alle Gegenstände haben ihren statischen Platz, auch wenn sie keine Gebrauchsgegenstände im eigentlichen Sinne sind, also nicht griffbereit sein müssen.

Kinder können aus einer solchen sinnentleerten Ordnung nichts lernen, außer dass sie dagegen revoltieren und versuchen werden, sie zu unterlaufen.

Fatale Gewohnheiten in der Erziehung

Es ist erst ein paar Generationen her, dass Kinder gewohnheitsmäßig geschlagen wurden. Kindliche Neugier und Kinderfragen wurden im Keim erstickt. Sogar das Spielen wurde gewohnheitsmäßig auf die Weihnachtszeit zusammengeschrumpft. Nach Weihnachten wurden Puppen, Kaufläden, Pferdeställe und alles, wonach sich Kinderherzen sehnen, weggeschlossen bis zum nächsten Weihnachtsfest. Kinder durften sich nicht wehren, nicht aufmucken, keine Widerworte geben.

Erziehungsmethoden dieser Art gingen von den Eltern auf die Kinder über. Man war daran gewöhnt, Kinder so und nicht anders zu behandeln. Kinder galten als unbeschriebene Blätter, als „Fleischklumpen" ohne Inhalt, und so war es die Aufgabe der Erwachsenen, die leeren Blätter fortwährend zu beschreiben und die Fleischklumpen mit Inhalten zu füllen. Dies konnte nur brachial geschehen und setzte das Brechen des kindlichen Willens voraus.

Die Wissenschaft hat uns indessen längst von der Kompetenz der Kinder überzeugt. Sie tragen ihr komplettes Programm in sich und brauchen weiter nichts als eine liebevolle, soziale Umgebung, zu der sie eine positive Beziehung knüpfen und in der sie permanent lernen können. Lernen aber heißt: entfalten, was die Natur dem Individuum an Möglichkeiten mitgegeben hat. Und Lernen braucht einen Schutzraum, der durch Bräuche und nicht durch „Brechen" geregelt ist.

Das große Umdenken

Nach dem Zweiten Weltkrieg kam hierzulande die Wende in der Erziehung. Seitdem verschwinden alte Erziehungsgewohnheiten mehr und mehr. Es sprach sich herum, dass Kinder einen eigenen Willen haben, den man nicht brechen darf. Es sprach sich auch herum, dass man Kinder nicht unterdrücken, nicht prügeln, nicht belügen und nicht für dumm verkaufen darf.

Das hat manche Eltern ratlos gemacht. Sie hatten die überkommenen Erziehungsgewohnheiten noch am eigenen Leibe, an der eigenen Seele erfahren. Wie sollten sie jetzt Kindern begegnen? Wachsen lassen, sagten die einen. Führen und wachsen lassen, sagten die anderen.

Alles Unsinn, sagten die Großeltern. Ein Klaps hat noch niemandem geschadet. Und was Hänschen nicht lernt, lernt Hans nimmer mehr.

Gebt den Kindern das Kommando, hieß es. Und: Kinder an die Macht! Und es hieß auch: Macht kaputt, was euch kaputt macht!

Die große Desorientierung begann.

Tatsache ist, unsere Kinder haben sich verändert. Ich meine, positiv. Sie sind selbstbewusster, kreativer, klüger und neugieriger als alle Kindergenerationen zuvor. Und sie leben in einer Welt, die sich nie zuvor in einem so kurzen Zeitraum so grundlegend verändert hat.

Inzwischen werden aber Stimmen laut, dass wir uns hinsichtlich unserer Erziehungsgewohnheiten schon wieder auf dem Holzweg befinden. Unsere Kinder dürfen zu viel, konsumieren zu viel, werden zu spät mit Grenzen konfrontiert. Wie es scheint, kündigen sie von sich aus soziale Bindungen auf und suchen Zuflucht zu einfachen Ideologien und in Gruppen und Banden Gleichgesinnter.

Was ist zu tun?
Kinder brauchen Regeln. Kinder brauchen Bräuche. Kinder brauchen gute Gewohnheiten, Spielregeln, die sinnvoll sind und an die sich alle halten. Grenzenlose Freiheit gibt es nicht, für niemanden.

Geborgenheit ist ein leeres Wort, wenn man nicht bestimmen kann, worin man sich geborgen fühlt. Wer sich in einer Familie geborgen fühlt, wird alles tun, um den als wohltuend empfundenen Zustand der Geborgenheit zu sichern. Eine Familie gibt und nimmt. Eine Familie regelt den Alltag auf ihre Weise, legt dem Einzelnen Pflichten auf und fordert Verantwortung. Wer sich in diesem Konzert der Gegenseitigkeit wohlfühlt, muss eigene Bedürfnisse zuweilen im Blick auf ein funktionierendes Ganzes zurückstellen. Dies ist der Preis, den der Einzelne dafür zahlt, dass er sich in einer Gruppe von Menschen geborgen, zu Hause oder ganz einfach wohl fühlt.

Auch Freiheit ist ein leeres Wort, wenn man nicht definieren kann, wozu sie dienlich sein soll. Der Mensch ist zwar ein Individuum, aber gleichzeitig auch angewiesen auf eine soziale Gemeinschaft, in der er sich durch Bräuche, Gewohnheiten und Regeln aufgehoben und geborgen fühlen kann. Hier und nur hier kann er auch den Sinn der Freiheit erfahren. Freiheit ist keine Einbahnstraße. Wäre sie das, würde sie unweigerlich aus der sozialen Gemeinschaft herausführen, und aus wäre es mit der Geborgenheit und dem Aufgehobensein.

Geborgenheit, Freiheit und Regeln, gute Spielregeln und Bräuche, schaffen Kindern die Räume, in denen sie sich kompetent entfalten können. Das Zeug dazu steckt in ihnen.

Liebevolle Rituale

Wenn ein Kind zur Welt kommt, sind alle seine Sinne entwickelt. Aber die Vielfalt der Reize, die ab dem Augenblick der Geburt auf das kleine Wesen einstürmen, verwirren und beunruhigen das Kind. Es wird eine Weile dauern, bis die Sinne des Kindes nicht mehr dem Chaos erliegen, bis im Gehirn eine Struktur entstanden ist, die in der Lage sein wird, die Reize zu ordnen und damit weniger beunruhigend zu machen. Bis es so weit ist, braucht das Kind Hilfen in Form von liebevollen, einfühlsamen Ritualen, die immer wiederkehren und auf die es sich verlassen kann.

Kleine Rituale zur ersten Übung

Das Umdenken in der Erziehung, von dem im vorigen Kapitel die Rede war, hat auch vor der Schwangerschaft nicht Halt gemacht.

Heutige Mütter erleben ihre Schwangerschaft sehr bewusst. Zu Zeiten, als die Säuglingssterblichkeit noch außerordentlich hoch war, vermieden sie instinktiv jeden tieferen Kontakt zu ihren Kleinen. Sie hätten mit der Trauer gar nicht umgehen können, wenn bei einem plötzlichen Tod die Bindung bereits sehr fest gewesen wäre. Das erste Lebensjahr zu überleben, gelang zeitweilig nur jedem zweiten Kind.

War es dennoch geschafft, wurde es dann auch für den Vater interessant, vorausgesetzt allerdings, es war windelfrei, konnte laufen und war mit der Sprache vertraut. Nun begann die väterliche Erziehung. Aber davon war schon die Rede.

Im Zeitalter der Wunschkinder und nur noch geringfügiger Sterberaten im Säuglingsalter haben Kinder einen völlig anderen Stellenwert bekommen. Die Bindung beginnt schon in der Schwangerschaft und wird mit der Geburt intensiviert. Immer mehr Väter sind bei der Geburt dabei und erleben von Anfang an das Wunder der Menschwerdung.

Die Natur hat es weise eingerichtet, dass Menscheneltern neun Monate auf ihren Nachwuchs warten müssen. Es ist ihr erstes Lehrjahr in Sachen Elternschaft, dem noch einige folgen werden, mehr oder minder hart. Aber auf Lernen werden sie sich einstellen müssen, gleichviel, wie viele Kinder sie hervorbringen. Alle werden Individualisten sein und sich einer Gleichbehandlung widersetzen, also ihre Eltern immerfort zu neuem Lernen zwingen.

Was haben Bräuche, Gewohnheiten und Rituale mit der Schwangerschaft zu tun? Sehr viel, denn sie sind das Bindeglied zwischen einem unsichtbaren Dritten und seinen Eltern.

Wenn die Welt der Eltern sich verändert
Ob es das erste, zweite oder dritte Kind ist, Kinder brauchen Bräuche von Anfang an. Und Eltern brauchen diese Rituale, um die Kraft anzubahnen, die ihnen für die Geburt und die Zeit danach abverlangt wird. Es ist die Kraft, die aus der Liebe kommt, aber sie stellt sich nicht automatisch ein. Junge Eltern tun gut daran, sich gleich zu Beginn der Schwangerschaft mit dem auseinander zu setzen, was unweigerlich auf sie zukommt:
- eine bislang nicht gekannte Tagesstruktur,
- ein vom Kind bestimmter Rhythmus aus Stillen, Fläschchen geben, Wickeln, Waschen, Schmusen und Herumtragen,
- Babygeschrei – oft rund um die Uhr,
- gestörte Nächte,
- Ratlosigkeit,
- eine veränderte Partnerbeziehung,
- verringerte Sozialkontakte.

Um nur einiges zu nennen, was ganz normal, aber zunächst ziemlich ungewohnt ist.

Liebevolle Gewohnheiten am Beginn des Lebens – also noch im Bauch der Mutter – helfen, eine Beziehung zu knüpfen und bereiten auf die Veränderungen im Tages- und Nachtablauf nach der Geburt vor. Sie sind Vorübungen, eine Art „Trockenschwimmen", bevor es ernst wird und der neue Erdenbürger von einem auf den anderen Tag das Leben seiner Eltern völlig neu und oft gänzlich unerwartet anders gestaltet.

Drei liebevolle Rituale oder Gewohnheiten am Beginn des Lebens haben sich inzwischen in der Praxis bewährt:
- das Badefest,
- die Trosthöhle und
- die Musik zur blauen Stunde.

Aus Amerika herübergeschwappte Methoden, das Kind im Mutterleib bereits zu einem klügeren Kind zu machen, haben sich Gott sei Dank bei uns nicht durchsetzen können.

Alles, was ein Kind im Mutterleib braucht, ist eine entspannte Mutter, die sich gesund ernährt, sich viel bewegt und ihr Kind nicht mit allzu vielen Stresshormonen plagt. Klug wird das Kind nach der Geburt von ganz allein, wenn seine wachen Sinne all die Sinnesreize bekommen, die sie nacheinander zu ihrer Entfaltung brauchen.

Das Badefest-Ritual

Im sechsten Monat der Schwangerschaft passt sich das Ungeborene dem Rhytmus seiner Mutter an. Das heißt, es schläft, wenn die Mutter schläft und wird putzmunter, wenn seine Mutter aktiv ist. Den jetzt erworbenen Rhytmus behält das Neugeborene in etwa bei.

Wenn sich Ihr Rücken jetzt durch die stärkere Ausdehnung des Bauches verspannt oder wenn er schmerzt, veranstalten Sie ganz einfach ein Badefest. Die meisten Frauen empfinden ein warmes Bad am Morgen als sehr wohltuend nach den nun immer unbequemeren Nächten.

Ein Kräuterzusatz wie Rosmarin oder Lavendel hilft der Durchblutung und dient damit der Entspannung. Das ist der erste Grund für solch ein Badefest.

Der zweite und nicht minder wichtige Grund ist das Ungeborene:
- Legen Sie sich bequem in das nicht zu heiße Wasser.
- Schließen Sie die Augen, und atmen Sie ganz ruhig in Ihren Bauch hinein.
- Mit beiden Händen schaufeln Sie das Wasser rhythmisch über Ihren Bauch bis an Ihr Kinn.
- Lassen Sie dann die Hände ganz zart über Ihren Bauch zurückgleiten, bis sie wieder im Wasser sind.

Liebevolle Rituale 47

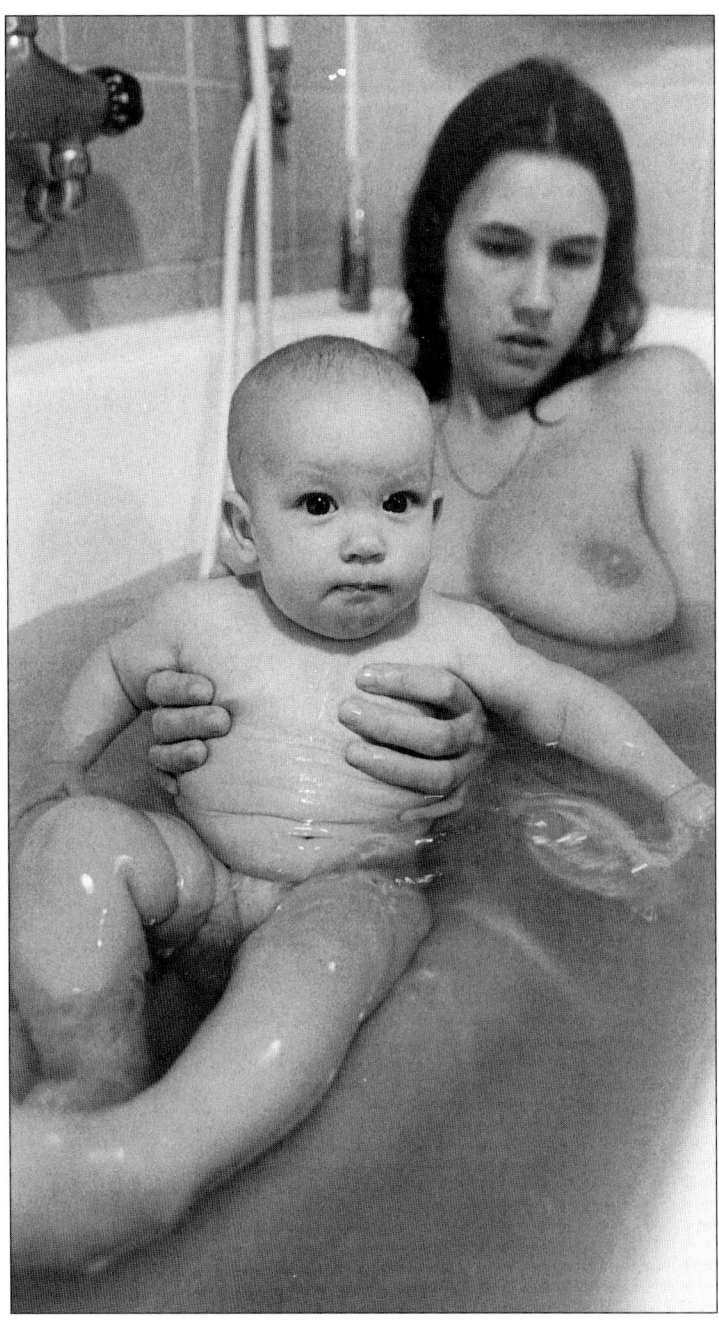

- Wiederholen Sie die Wasserwellen und das Streicheln, so lange es Ihnen gut tut.

In wenigen Monaten werden Sie Ihr Kind auf dieselbe Weise baden und erleben, wie sehr es sich dabei entspannt.

Im sechsten Schwangerschaftsmonat hat das ungeborene Kind noch ausreichend Platz in der Gebärmutter. Es kann turnen und schwimmen nach Herzenslust. Bald darauf verändern sich aber die Verhältnisse drastisch. Kurz vor der Geburt läuft dann gar nichts mehr: Das Kind stößt an die Grenzen der Gebärmutter und wartet sehnlichst auf die erlösende Geburt, denn je mehr es an Gewicht zunimmt, desto weniger Platz steht ihm zur Verfügung.

Setzen Sie den Brauch des Badefestes bis zur Geburt fort. Je enger es Ihrem Kind wird, desto mehr brauchen Sie und Ihr Kind diese Entspannung. Sie dürfen ganz sicher sein, dass Ihr Kind das Badefest wahrnimmt und es als wohltuend empfindet.

Und noch etwas Wichtiges geschieht dabei: Sie bauen zu Ihrem Kind eine innige Beziehung auf, die Ihnen und dem Baby die Geburt erleichtern hilft.

Sprechen Sie bei diesem Badefest leise mit Ihrem Kind. Seine Ohren sind so weit ausgereift, dass es Ihre Stimme wahrnehmen kann. Im achten Schwangerschaftsmonat kann es sogar Ihre Stimme von allen anderen Stimmen unterscheiden und sich freuen. Dabei verändert sich seine Mimik bis hin zum Lächeln. Wenn Ihr Ungeborenes Ihre Stimme hört, erhöht sich sein Herzschlag und es strampelt freudig erregt.

Wenn Ihr Kind geboren ist, veranstalten Sie ein- oder zweimal in der Woche genau solch ein Badefest – mit Wellen, Streicheln und leisem Sprechen. Ihr Kind wird dieses Ritual genießen. Und es gibt nicht wenige Wissenschaftler und Praktiker, die felsenfest davon überzeugt sind, dass der vorgeburtliche Brauch vom Baby später wieder erkannt und herbeigesehnt wird. Dieser Brauch hilft ihm, mit den nachgeburtlichen Widrigkeiten leichter fertig zu werden, denn es ist keine leichte Sache, sich vom Leben im Bauch auf das Leben außerhalb des Bauches umzustellen.

Aus diesem Grunde ist auch die Trosthöhle erfunden worden, die gerade bei sehr zarten oder sehr unruhigen Babys wahre Wunder wirkt.

Das Trosthöhle-Ritual

Wenn Sie etwa ab dem sechsten Schwangerschaftsmonat die Gelegenheit haben, ein ökologisch gegerbtes Schaffell zu erwerben, so ist dies ideal für eine Trosthöhle. Eine Wolldecke tut es aber auch. Sie selbst müssen eigentlich gar nicht viel tun, wenn man hier überhaupt von Tun sprechen kann:

- Legen Sie sich einmal am Tag auf das Schaffell und entspannen Sie sich.
- Das Schaffell soll nach und nach Ihren Körpergeruch annehmen, deshalb ist nackt besser als angezogen. Parfüm oder stark duftende Seifen sollten Sie dabei ganz weglassen.
- Wenn Sie nicht mehr liegen mögen, wickeln Sie das Schaffell um Ihren nackten Bauch und sprechen leise mit Ihrem Kind. Legen Sie sich ein Kissen unter den Nacken, sodass Sie fast sitzen. Streicheln Sie Ihren Bauch, so lange es Ihnen gut tut. Machen Sie das täglich.

Bis zur Geburt ist so ein liebenswerter Brauch entstanden, der Ihnen danach sehr helfen wird. Ihr Baby erkennt das Schaffell am Geruch wieder. Wenn es unruhig wird oder Trost braucht, packen Sie das Kleine ganz einfach in die Trosthöhle.

Sehr vielen Babys ist der viele Platz im Korb oder Bettchen nach den engen Monaten im Bauch nicht ganz geheuer. Sie kommen sich verloren vor und beginnen, sich „einzuschreien" und nach einer Weile untröstlich weiterzuschreien. Der stark begrenzte Raum der Trosthöhle macht Neugeborene sicher, zumal dann, wenn der mütterliche Geruch dem Kind Nähe signalisiert.

Wenn Ihr Neugeborenes satt, sauber und „beschmust" ist, aber trotzdem noch so aufgeregt, dass es weint und nicht schlafen kann, legen Sie es in die Trosthöhle und reden leise mit ihm. Ganz wie vor der Geburt. Sie werden sehen, wie Ihr Baby sich gelöst in den Schlaf fallen lässt. Sobald es schläft, breiten Sie das Schaffell flach aus, damit Ihr Kind nicht schwitzt. Decken Sie es nur leicht zu, damit es sich bewegen und im Schlaf strampeln kann.

Ich kenne Dreijährige, die zu ihrer Trosthöhle eine so innige Beziehung haben, dass sie in Krisensituationen von ganz allein dorthin flüchten. Sie tanken dort Trost und Geborgenheit ganz wie in Babytagen.

Auf Reisen und im Urlaub ist solch eine Trosthöhle nahezu unverzichtbar. Sie erleichtert dem Kind die Trennung vom Gewohnten und das Zurechtfinden in der Fremde. Und sollte das Kind einmal krank werden, so ist die Trosthöhle schon fast ein Heilmittel.

Da alle Dinge einen Namen brauchen, sollte die Trosthöhle auch einen haben, oder doch zumindest ganz offiziell Trosthöhle heißen. Das ist dann der Ort mit den geheimen Kräften, den Ihr Kind schon vor seiner Geburt genossen hat und nach der Geburt erst richtig schätzen lernt.

Wenn sich Ihr Baby auf das Fell erbricht, spuckt oder Pipi macht, müssen Sie das Fell nicht waschen. Der „Stallgeruch" wäre dann verschwunden und das Fell nicht mehr dasselbe. Ein Schafspelz stößt Wasser ab und lässt sich mit einem nassen Lappen sauber wischen. Fönen Sie es gleich wieder trocken, damit es allzeit betriebsbereit ist. Man kann ja nie wissen, wie bald schon Trost in der Trosthöhle angesagt ist.

Das Musik-zur-blauen-Stunde-Ritual

Während feine englische Damen zur blauen Stunde Tee aus niedlichen Teetassen schlürfen, nimmt hierzulande gar manches Baby seine „Schreistunde". Es ist die Stunde zwischen Tag und Abend, die viele Babys unruhig werden lässt.

Beginnen Sie etwa im sechsten Schwangerschaftsmonat mit dem Ritual, zum Ausklang des Tages ganz leise, zarte, harmonische Musik zu hören. Bewegen Sie sich dazu im Raum. Tun Sie, was Ihnen gerade einfällt. Streicheln Sie zärtlich Ihren Bauch. Ihr Kind hat die Ohren ganz weit offen. Und Bewegung liebt es über alles. Setzen Sie diesen Brauch bis zur Geburt fort, auch wenn Sie sich schon so unförmig wie eine Tonne fühlen. Je weiter die Schwangerschaft fortschreitet, desto mehr wird Ihr Ungeborenes die Musik zur blauen Stunde genießen und schon lange vorher auf das Ritual warten.

Und nach der Geburt setzen Sie dieses Ritual ganz einfach fort. Ihr Kind kennt die Musik. Und wenn Sie sich nun sachte mit dem Kind an Ihrer linken Schulter durch den Raum bewegen, wird es bald ganz entspannt in Ihrem Arm ruhen.

Manche Babys können sich so aufregen und in ihre Aufregung hineinsteigern, dass ihnen nur Schreien als selbst regulierender Mechanismus hilft. Das regt Eltern auf, weil sie gerne helfend eingreifen möchten, aber nicht wissen wie. Mit dem schon vor der Geburt geübten Ritual des Musikhörens in der ersten Abenddämmerung haben Mütter ein einfaches Mittel, ihrem Baby über die abendliche Unruhe sanft hinweg zu helfen.

Kleine Bräuche und liebevolle Rituale, wie das Badefest, die Trosthöhle und die Musik zur blauen Stunde festigen schon lange vor der Geburt das Band zwischen Mutter und Kind. Nach der Geburt sind sie für beide ein Ritual, das ihnen Sicherheit gibt. Eine feste Größe in einem Tagesablauf, den beide ja erst noch lernen und mit Geduld erproben müssen.

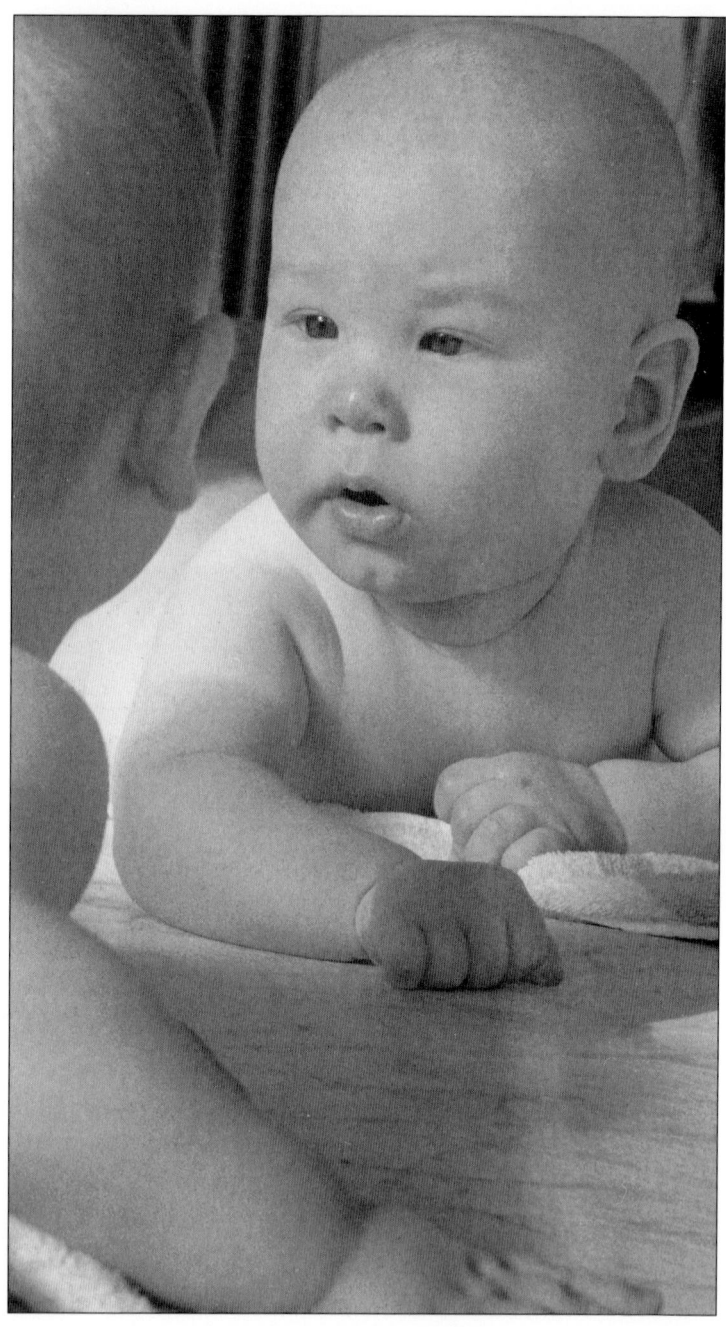

Hilfen zur Orientierung

Wir halten es für selbstverständlich, dass ein Kind sich in unserer Welt zurechtfindet. Ob es um die Zeit geht, um Farben oder Formen, um Größenunterschiede oder Oberflächengestaltungen, uns ist das alles völlig klar und geläufig. Aber ein Kind fängt in Sachen Orientierung bei Null an und muss sehr mühsam erfahren, welche Merkmale zu einer Sache oder einer Handlung gehören. Bei dieser grundlegenden Orientierung kann der Erwachsene Hilfestellung leisten, ohne dem Kind die eigenen Erfahrungen abzunehmen.
Dass ein Ball rund, klein, glatt und rot ist, sehen wir auf einen Blick. Ein Kind lernt das im Vergleich mit vielen anderen Qualitäten, die viele andere Dinge auch besitzen.

Ein riesengroßes Lernpensum

Es gibt Neugeborene, die fädeln sich so perfekt in den Tages- und Nachtablauf ihrer Eltern ein, als hätten sie das schon jahrelang geübt. Andere, und wahrscheinlich der größere Teil von ihnen, wirkten eher ratlos in Sachen Tag und Nacht. Sie melden sich oft stündlich, manche zweistündig, ganz gleich, ob Tag oder Nacht ist. Da fragen sich die Eltern, ob das normal ist und ob das je wieder aufhört.

Es mag noch so anstrengend sein, normal ist es. Und mit sicherer Gewissheit lässt sich sagen, dass es aufhört, nämlich dann, wenn dem Kind die Umstellung von der Schwangerschaft auf das Erdenleben gelungen ist. Das dauert oft ein Jahr, allerlängstens zwei.

Kinder, die sehr unruhig in der ersten Zeit ihres Lebens waren, viel weinten und quengelten, sind nach dem zweiten Geburtstag oft wie ausgewechselt. Sie haben sich angepasst und beginnen, ihre wachsende Kompetenz zu genießen. Sobald sie die ersten Wörter sprechen können, vereinfacht sich ihr Leben zusätzlich.

Ob Kinder sich nun mit Geschrei oder klaglos ans Erdenleben anpassen, sie brauchen Möglichkeiten, sich zu orientieren. Sie müssen ja permanent lernen und neue Verhaltensweisen entwickeln, um mit der Welt, in die sie hineingeboren wurden, klarzukommen. Was ein Kind in den ersten drei Jahren seines Lebens lernt, würde, wie schon gesagt, einen Erwachsenen fünfzig und mehr Jahre harter Arbeit kosten.

Es versteht sich nahezu von selbst, dass ein Kind für dieses riesige Lernpensum die Unterstützung seiner Eltern braucht. Sie sind es, die einen Rahmen schaffen, in dem das Kind sicher gedeihen kann. Solch ein Rahmen ist ein Gerüst aus positiven Gewohnheiten, kleinen Bräuchen, sinnvollen Ordnungen und festen, verlässlichen Regeln, die nicht die Freiheit beschneiden, sondern Raum zum Entfalten bieten. Dekoriert wird dieses Gerüst mit Ritualen, die dem Kind die Anpassung erleichtern, die es liebenswert findet und seine Fantasie beflügeln, ja, die es selbst aussucht und verteidigt, weil es sie ganz einfach braucht.

Ein kleiner Einblick in das Lernpensum der ersten drei Lebensjahre soll verdeutlichen, wie sehr ein Kind darauf angewiesen ist, von seinen Eltern Hilfen durch feste Strukturen des Tages und der Nacht zu erhalten. Gäbe es diese Strukturen in Form von Gewohnheiten, Bräuchen, Ritualen und Regeln nicht, würde das Kind sich rettungslos verheddern.

Bis zum Erwachen der Vernunft braucht ein Kind das behutsame Gerüst der Ordnungen und Orientierungshilfen, die es halten und stützen und ihm Sicherheit für seine ungeheure Entwicklungsarbeit geben.

Wenn ein Kind zur Welt kommt, sind alle seine Sinne entfaltet. Die Natur hat das so vorgesehen und als Programm im Kind angelegt. Was die Sinne erfahren, muss der Kopf ordnen. Und das ist ein überaus hartes Stück Arbeit!

Und so beginnt die Arbeit:

Die Orientierung im Raum

Ein Raum muss vom Kind mit den Sinnen erfahren werden. In diesem Raum ist es aufgehoben oder „ausgesetzt", was zu Ängsten führen kann. Wie erfährt ein Kind den Raum? Auf dem Bauch der Mutter findet es nach der Geburt wieder Ruhe, beim Stillen bekommt es festen Halt und Nahrung. In der Trosthöhle kann es sich anschmiegen und findet, ähnlich wie in der Gebärmutter, begrenzende Wände, die es festhalten. Im warmen Badewasser fühlt es erneut die Schwerelosigkeit, die durch die Geburt jäh beendet wurde.

Im Raum nimmt das Kind, auf dem Hintergrund von Bedeutungslosem, Unbeweglichem, das für es Bedeutungsvolle, Bewegliche wahr: die Mutter. Im Raum sind Geräusche vorhanden, bedeutende und unbedeutende. Die Stimme der Mutter ist von höchster Bedeutung. Andere Stimmen sind zunächst ohne Bedeutung. Da das Kind sie nicht kennt, nimmt es sie nicht wahr, so wenig wie es zunächst Fenster oder Schränke wahrnimmt. Licht, Schatten und Dunkelheit werden dagegen früh wahrgenommen. Im Raum gibt es ein Oben und Unten, ein Hinten und Vorne, eine Mitte und Ränder, aber auch links und rechts und zwischen. Für uns ist das alles so selbstverständlich, dass wir einen Stadtplan oder eine Landkarte mühelos entschlüsseln können. Für ein Kind ist das alles völlig neu und zunächst mehr Chaos als Struktur.

Jetzt braucht es kleine Gewohnheiten und Bräuche, die ihm den Raum, in dem es lebt, aufschließen und begreiflich machen. Ihr Baby ist ein sehr konservativer Ordnungsfanatiker. Darauf müssen Sie Rücksicht nehmen.

Da es gerade seine Raumerfahrungen macht, sollten Sie seinen Raum nicht verändern. Es mag das bewegliche Mobile über sich sehen, den Teddy links und die Puppe rechts neben sich haben. Das gibt ihm Sicherheit. Vorausgesetzt: Das ändert sich nicht. Mühsam vollzieht sich der Prozess der Raumerkenntnis, jede Störung durch Veränderung verunsichert Ihr Kind.

Sie helfen ihm sehr, wenn Sie es täglich zu einer bestimmten Zeit durch den ihm bekannten Raum tragen. Da es sich nicht selbst auf die Dinge zubewegen kann, bewegen Sie Ihr Kind, damit es die Dinge wahrnehmen lernt. Alle Erfahrungen, die es im Raum und mit dem Raum macht, strukturiert es in seinem kleinen Hirn.

Sobald es laufen lernt, werden Sie staunen, wie zielstrebig Ihr Kind den Raum in Besitz nimmt. Kein Wunder, denn es hat ihn ja, von Geburt an, Schritt für Schritt, im Kopf erobert. Geräusche helfen dem Kind ebenfalls, die Raumerfahrung zu strukturieren. Bald kann es erkennen, ob sich Schritte nähern oder entfernen. Kommt die Mutter näher und erscheint schließlich in seinem Gesichtsfeld, zappelt es vor Freude.

Summen, singen oder sprechen Sie mit dem Kind, wenn Sie an sein Bett kommen. So lernt es fern und nah abschätzen. Der Raum wird nach und nach für Ihr Kind immer begreifbarer, immer sicherer.

Die Musik zur blauen Stunde hilft Ihrem Kind ebenfalls bei der Erfahrung des Raumes, zumal dann, wenn Sie sich zusammen mit dem Kind darin bewegen.

Die Farben-Orientierung

Sie ist ein ganz wesentlicher Faktor, mit dem Ihr Kind die Welt entschlüsselt. Wenn es das Weiß der Milchflasche gewöhnt ist, wird es beim Anblick von Kakao in derselben Flasche den Mund erst gar nicht öffnen. Weiß bedeutet Milch und daran ist es gewöhnt. Braun kann nichts Gutes bedeuten und wird zunächst abgelehnt.

Wenn Sie oft Rot oder Gelb tragen, fängt Ihr Baby möglicherweise an zu weinen, wenn es Sie zum ersten Mal in Schwarz sieht. Ihr Kind kennt die Farben nicht, misst aber nach und nach oft wiederkehrenden Farben Bedeutung zu. So kann es sein, dass Ihr Kind unruhig wird und quengelt, weil Sie die blauen Vorhänge in seinem Zimmer durch gelbe ersetzt haben, oder bunt karierte Bettwäsche durch weiße.

Wenn man gerade erst anfängt, die Welt durch ihre Farben zu ermitteln, kann man keine Veränderungen gebrauchen. Was gestern gelb war, soll morgen, bitte schön, auch noch gelb sein. Es ist ja so mühsam, das alles im Kopf auf die Reihe zu kriegen! Also Bitte: nicht stören!

Ihr Kind lernt auf seinen rituellen Wanderungen auf Ihrem Arm alle Farben kennen, die den einzelnen Dingen zugeordnet sind. In seiner nahen Umgebung braucht es Sicherheit durch konstante Farbgebung. Manche Unruhe, manches Quengeln ist bei Babys darauf zurückzuführen, dass sie im Raum etwas nicht wiedererkennen oder vermissen, weil die Farbe gewechselt hat. Dort, wo sie zur Ruhe kommen sollen, mögen Babys keine farblichen Veränderungen.

Die Form-Orientierung

Sie hilft dem Baby, seine Welt zu ordnen und sicher zu machen oder Unterschiede zu begreifen. Schon ganz kleine Babys nehmen es ihren Müttern übel, wenn diese beim Frisör waren. Wenn da gerade noch ein Pferdeschwanz baumelte, wird ein kurzer Haarschnitt an der Mutter argwöhnisch beäugt.

Das Bild von der Mutter stimmt plötzlich nicht mehr. Ist sie es überhaupt noch? Das kann Bestürzung auslösen. Sofort braucht das Kind die übrigen gesammelten Merkmale, um sich sagen zu können: Sie ist es, Gott sei Dank. Wenn auch irgend etwas fehlt ...

Der Inhalt der Flasche schmeckt vorzüglich, derselbe Inhalt aus der Tasse ruft Abwehr hervor. Die gewohnte Form stimmt nicht. Der Inhalt wird uninteressant, es sei denn, er wird wieder aus der Flasche angeboten.

Sobald Ihr Kind greifen kann, geben Sie ihm nach und nach farbige Formen in die Hand. Spielen Sie mit ihm Geben und Nehmen, Verstecken und Aufdecken, Fallenlassen und Aufheben. Die kleinen Hände begreifen eine Form nach der anderen. Das immer wacher werdende Gehirn speichert die dazugehörenden Farben. Der Kopf sammelt die Ergebnisse und hat wieder einen neuen Weg gefunden, die Welt zu entschlüsseln und hinter ihre Geheimnisse zu kommen.

Die Größen-Orientierung

Wenn drei unterschiedlich große Menschen nebeneinander stehen, ist es möglich, den einen als groß, den zweiten als mittelgroß und den dritten als klein zu bezeichnen. Größen kann man nur durch Vergleichen ermitteln. Schon Babys staunen über andere Babys, weil die – endlich einmal! – so groß sind wie sie selbst. Alle anderen sind ganz einfach größer.

Dreijährige, besonders aber Zweijährige, können oft nicht begreifen, warum Sie nicht ins Puppenbett passen oder auf einem winzigen Stühlchen Platz nehmen können.

Vergleichen ist eine schwierige Sache, zu der ein Kind viel Zeit braucht
Nehmen Sie sich einmal am Tag die Zeit, Ihr Kind Größenunterschiede erfahren zu lassen. Was passt wo rein? Das interessiert Ihr Kind brennend. Der Ball passt ins Sandeimerchen, aber nicht in den Joghurtbecher. Die Kastanie passt nicht in den Fingerhut, aber in den Joghurtbecher.

Begleiten Sie jede Spiel- und damit Erfahrungsstunde mit Sprache. Ihr Kind beginnt zu denken. Und aus dem Denken formuliert sich die Sprache. Sprechen Sie viel mit Ihrem Kind, schon bald wird es Sie nachzuahmen versuchen und erste Laute bilden, die dann gegen Ende des ersten Jahres in Wörter und kleine Sätze münden.

Die Orientierung an Ordnungen und Relationen

Ihr Kind lernt wie ein Weltmeister! Vielleicht bemerken Sie es gar nicht. Trotzdem grenzt es ans Wunderbare, was Ihr Kind leistet. Und weil das so ist, braucht es jetzt gelassene und geduldige Eltern, die das Tun des Kindes für wichtig halten.

Engen Sie Ihren kleinen Forscher jetzt nicht zu sehr ein. Ein Kind, das gerade dabei ist, die Welt zu erforschen und mit Kopf und Händen zu begreifen, braucht Platz und Material, damit die Untersuchungen klappen. Stören Sie Ihr Kind nicht, wenn es zum hundertsten Mal einen großen Klotz auf einen kleinen setzt. Die Physik ist eine schwierige Wissenschaft. Ihr Kind studiert gerade die Anfänge!

Kinder im Forscheralter brauchen die volle Unterstützung ihrer Umgebung. Das Kind tut nichts Sinnloses, auch wenn der Schein oft trügt. Bieten Sie genügend ungefährliches Material an, mit dem es hantieren und probieren kann. Beaufsichtigen Sie den kleinen Forscher unauffällig. Wenn Sie ihm Hilfe geben wollen, dann nur Hilfe zur Selbsthilfe. Lernen muss Ihr Kind – nicht Sie!

Ordnungen

Sobald das Kind frei sitzen und handeln, also mit den Händen Dinge fassen und loslassen kann, werden Sie entdecken, dass es Reihen zu bilden versucht, eine Eisenbahn oder einen Turm baut. Außerdem sortiert es kleine Dinge oder rote Sachen in einen Behälter. Es bildet Gruppen, die ihm sinnvoll erscheinen. Schließlich sortiert es die Dinge nach Klassen. Bauklötze kommen in den Laster, Stofftiere ins Bett. Das alles ist eine großartige Leistung, die Ihr Kind nur schafft, wenn Sie sich dazu entschließen, einmal am Tag, möglichst zu einer bestimmten Zeit, mit ihm zu spielen und zu lernen.

Relationen

Ihr Kind will wissen, wie die Dinge zueinander stehen. Wenn es Suppe mit der Gabel essen will, dann lassen Sie es gewähren. Es muss selbst herausfinden, wie die Dinge wirken. Wenn es eine Kugel gegen einen Klotz rollt, rutscht der Klotz weiter. Der

Teddy rutscht von der schiefen Ebene. Und das Wasser läuft aus der Flasche, wenn sie liegt. Erfinden Sie Spiele, bei denen Ihr Kind Relationen erfahren kann: die Wirkung von Dingen, die man miteinander in Beziehung setzt.

Das Erfassen von Ursache-Wirkungs-Prinzipien

Etwa mit dem Laufen erforscht Ihr Kind, was geschieht, wenn es einen Schalter betätigt, einen Knopf drückt oder an einem Faden zieht. Es folgt eine aufregende Zeit. Da Sie die wichtigste Person im Leben Ihres Kindes sind, behalten Sie die Nerven und die Ruhe: Es dauert nicht ewig! Wenn Sie aber wissen, was Ihr Kind gerade lernt und wie wichtig das ist, können Sie ihm viele gute Hilfen geben.

Räumen Sie Zerbrechliches beiseite, überdenken Sie jedes mögliche Risiko, aber lassen Sie den kleinen Forscher entdecken, was es jetzt zu spielen und damit zu lernen gibt. Ursache und Wirkung oder „wenn – dann" ist eine elementare Erfahrung, bevor Ihr Kind eine weitere große Entdeckung macht: heute, morgen, gestern!

Die Orientierung an der Zeit

Zeit begegnet Kindern von Geburt an als fester Rhythmus im Ablauf von Tag und Nacht, als die erste zu akzeptierende Regel. Viele Erwachsene haben im Umgang mit der Zeit große Probleme. Die größten Probleme haben kleine Kinder. Zeit ist für Kinder „jetzt"! Nur mühsam lernen sie, dass es auch ein „gleich" oder „später" gibt, sogar ein „vorhin" oder „gestern", ein „morgen" oder „nächste Woche". Erst das Schulkind hat die Zeit besser im Griff. Es schaut nach der Uhr, auf den Kalender und begreift auch die Jahreszeiten.

Kleine Kinder mögen nicht warten, weil sie kein Zeitgefühl haben. Und trotzdem ist Wartenkönnen ein guter, alter nützlicher Brauch, ohne den soziales Miteinander nicht klappt.

Damit Ihr Kind das Warten und damit auch die Geduld erlernt, machen Sie Zeit-Spiele mit ihm. Sie sind ideale Hilfen zur ersten Orientierung am Phänomen Zeit. Führen Sie Rituale, Gewohnheiten und kleine Bräuche ein, damit Ihr Kind die Zeit als kostbar und nicht als lästig empfinden lernt.

Zeit-Spiele

Im ersten Lebensjahr ist für ein Baby Verwöhnung lebenswichtig. Die wenigen Wünsche, die ein Baby hat – Nahrung, Pflege und Zuwendung – dulden keinen Aufschub. Schreien ist immer ein Notsignal und die Aufforderung an die Umwelt: Hilf mir aus der Krise, ich bin ratlos!

Ganz behutsam muss aber jedes Kind am Ende des ersten Lebensjahres das Warten lernen. Wünsche werden zwar erfüllt, aber nicht mehr umgehend, sofort, jetzt und gleich, wie in den ersten Lebensmonaten, sondern mit einer kleinen Verzögerung. Während dieser Verzögerung spielen Sie Zeit-Spiele mit Ihrem Kind. Hierbei handelt es sich um kleine Rituale, die Ihnen und dem Kind Spaß machen sollen:

- Vor dem Füttern lassen Sie Ihr Kind zuschauen, wie Sie die Dinge vorbereiten. Sprechen Sie dazu. Begleiten Sie jede Handlung mit einfachen, erklärenden Worten. Schon Babys von sieben Monaten schauen dem Geschehen interessiert zu. So wird das Warten spannend überbrückt, aber trotzdem gelernt.
- Ziehen Sie eine Spieluhr auf und sagen Sie dem Kind, dass Sie ihm eine Banane oder etwas anderes, das gerade an der Reihe ist, geben, sobald die Melodie zu Ende ist. Machen Sie eine Gewohnheit daraus. So lernt Ihr Kind warten.

Hilfen zur Orientierung 63

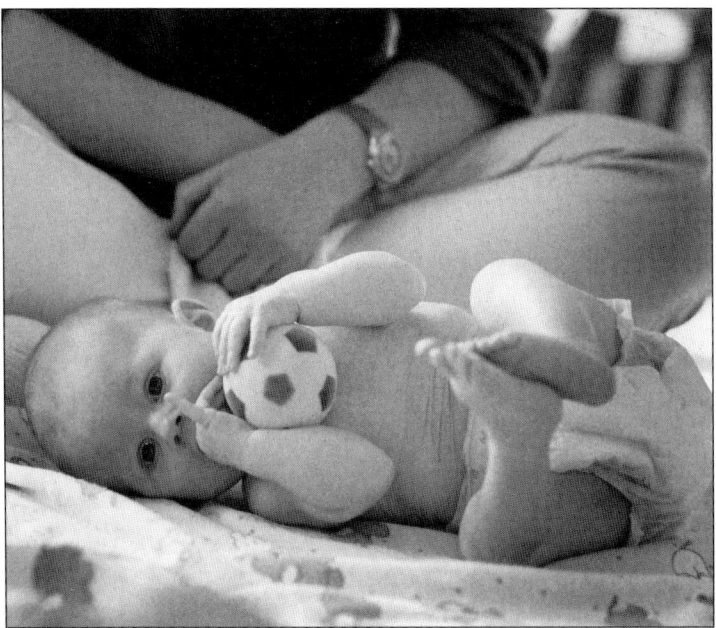

- Fingerspiele helfen ebenfalls, Wartezeiten zu überbrücken.
- Wenn Sie telefonieren und das in Ruhe tun möchten, geben Sie Ihrem Kind ein Kindertelefon in die Hand. Machen Sie eine Gewohnheit daraus.
- Wenn Sie bei einer Tätigkeit nicht unterbrochen werden möchten, singen Sie Ihrem Kind und sich selbst ein Kinderlied vor. Sie erfüllen den Wunsch Ihres Kindes, sobald Sie können. Aber bügeln Sie ruhig singend fertig. Bald wird Ihr Kind das Lied mit Warten verbinden können. Es lernt, seine Wünsche aufzuschieben. Das immer gleiche Kinderlied hilft ihm dabei. Die Erfüllung des Wunsches ist ihm gewiss, das weiß es sicher, weil es bereits die Erfahrung gemacht hat.
- Gehen Sie mit Ihrem Kind oft hinaus in die Natur. Am besten immer zum selben Ort. Die Natur verändert sich fast täglich. Lassen Sie Ihr Kind schauen und staunen. Reden Sie mit ihm über das, was es sieht. Die Veränderungen in der Natur sind

Zeit pur. Ihr Kind lernt dabei ganz Wesentliches über die Zeit. Es begreift, dass Augenblicke einander ablösen. Aus dem jetzt wird ganz rasch ein vorhin. Und wenn gleich jetzt ist, ist das vorhin schon einen Schritt weiter in der Vergangenheit.

Je mehr Ihr Kind zeitliche Abläufe begreift, desto eher lernt es Warten und Geduld. Spätestens in der Schule wird es diese Verhaltensweisen ganz dringend brauchen und sich und anderen das Leben damit erleichtern.

Zeitspiele haben aber auch noch einen anderen Sinn, obwohl das Wartenlernen bereits ein erheblicher Nutzen ist. Das Kind lernt ganz nebenbei, einen Wunsch aufzuschieben. In seinem ersten Lebensjahr hat das aus guten Gründen niemand von ihm verlangt. Je älter es aber wird, desto wichtiger wird es, dass das Kind lernt, Wünsche aufzuschieben.

Nicht alle Wünsche können sofort, manche erst viel später, manche gar nicht erfüllt werden. Das ist ein sehr mühsamer Lernprozess für Ihr Kind. In dem Maße aber, in dem das Kind den Umgang mit dem Phänomen Zeit übt, kann es lernen, seine Wünsche zu ordnen und notfalls aufzuschieben. In der Fachsprache heißt das „Frustrationstoleranz-Erwerb".

Strukturen im Kinderalltag

Viele Erwachsene tun sich schwer, mit ihrer Zeit auszukommen. Da endet dann so ein Tag und man hat das lähmende Gefühl, wieder einmal nicht alles erledigt zu haben. Irgendwann beginnt dann die Jagd nach der Zeit oder der Wettlauf mit ihr. Aber das alles ändert nichts an der Tatsache, dass ein Tag vierundzwanzig Stunden und eine Woche sieben Tage hat.
Kinder sollten früh lernen dürfen, dass Tag und Nacht und Woche und Monat keine dehnbaren Größen sind, sondern überschaubare Zeiträume mit festen, aber unterschiedlichen Strukturen. Das kommt ihnen zugute, wenn sie einmal erwachsen sind und frei über ihre Zeit verfügen können.

Der strukturierte Tag

Aus all dem, was bisher über das kindliche Wesen gesagt wurde, ist eines sicher sehr deutlich geworden: Das Kind wird als höchst unfertiges Lebewesen in eine schon fix und fertige Welt geboren. Mit ungeheurer Kraft lernt es, sich der Welt anzupassen und sich in ihr zurechtzufinden. Dazu braucht es Vertrauen. Ein Baby vertraut darauf,

- dass es Nahrung zur rechten Zeit bekommt,
- dass es gepflegt wird,
- dass es vertraute Stimmen hört und auf die vertraute Weise lieb gehalten wird,
- dass es gehört wird, sobald es schreit und dass jemand seine Wünsche errät und erfüllt,
- dass es in Ruhe gelassen wird, wenn es Ruhe braucht.

Erfüllen sich diese lebensnotwendigen Wünsche des Babys, wächst sein Vertrauen. Es wird nicht enttäuscht und kann alle Kraft darauf verwenden, sich gemäß seinem inneren Programm zu entfalten.

Kinder, deren Vertrauen ins Leben enttäuscht wird, hören auf zu lernen und verharren auf der augenblicklichen Stufe ihres Könnens. Sie fühlen sich dann weniger verunsichert.

Wer lernt, braucht das Netz des Vertrauens, denn Lernen bewirkt Veränderung. Und Veränderung macht zunächst unsicher, bis die Veränderung als Gewinn erkannt wird.

Kinder lernen von Geburt an ununterbrochen Neues. Die Welt begegnet ihnen zunächst als Chaos, in das sie, ohne dabei einen Lehrmeister zu haben, nach und nach Ordnung bringen. Erwähnt sei in diesem Zusammenhang noch der Spracherwerb des Kindes. Jeder Erwachsene weiß, wie langwierig und mühsam es ist, sich in eine neue Sprache einzuarbeiten. Er mag die fremde Sprache nach und nach erlernen, aber wie lange dauert es, bis er sie so perfekt spricht wie ein Vierjähriges seine Muttersprache?

Rechtfertigt sich das Vertrauen des Kindes in die Verlässlichkeit seiner Umwelt, hat es Kopf, Herz und Hand frei zum Lernen. Es erwirbt die Sprache ganz nebenbei, sobald es das anfängliche Chaos gesichtet hat und der Wunsch erwacht, den Namen der Dinge zu erfahren und zu behalten, ihre Funktion zu kennen und zu erproben. Ein Kind, das dem Babyalter entwachsen ist, vertraut darauf, dass seine existentiellen Wünsche, genau wie in der Babyzeit, erfüllt werden. Es vertraut aber auch darauf,

- dass es verlässlich geführt wird,
- dass die Grenzen, die wir ihm setzen, stabile, sinnvolle und einsehbare Grenzen sind,
- dass ihm jedes Verbot erklärt wird, so gut es geht,
- dass soziale Spielregeln für alle Beteiligten, und nicht nur für die Kinder, gelten,
- dass Rücksicht immer gegenseitig ist,
- dass es nicht ausgelacht wird, nicht für dumm verkauft wird,
- dass es nicht belogen wird,
- dass es beachtet und respektiert wird,
- dass es handeln darf, ohne bevormundet zu werden, damit es eigene Erfahrungen machen kann.

Ein Kind will wissen, worauf es sich verlassen kann. Verlässlichkeit ist die Wiege des Vertrauens. Sie ist aber noch mehr, nämlich der Motor, der Lernen in Gang setzt und damit Veränderungen möglich und wirksam macht.

Ein Kind wäre rettungslos überfordert, wenn wir es bei alledem, was es täglich, ja stündlich lernt, allein und ohne Begleitung gewähren ließen. Ohne ein Kind zu gängeln oder zu bevor-

munden, müssen wir Sorge dafür tragen, dass sein Tag, also seine Zeit, strukturiert ist. Das heißt:
- Grenzen setzen,
- Regeln aufstellen,
- Bräuche einführen,
- Gewohnheiten pflegen,
- Ordnungen zulassen und anregen,
- Orientierungshilfen geben,
- Rituale respektieren und unterstützen, solange sie dem Kind helfen, sich mit einer vorgegebenen Situation auseinander zu setzen.

Rituale um ihrer selbst willen sollten nach und nach durch andere Verhaltensweisen ersetzt werden.

Kinder, die einen abwechslungsreich strukturierten Tageslauf haben, schlafen abends besser ein und nachts in der Regel durch, ganz im Gegensatz zu Kindern, deren Tag eher zufällig verläuft.

Obwohl Kinder auch für Ausnahmen empfänglich sind, schätzen sie doch eine verlässliche Tagesstruktur. Das fängt schon mit dem Aufstehen an. Da sind sie ganz konservativ und möchten jeden Morgen dasselbe Ritual. Das gilt auch für das Frühstück. Sie wollen ihre eigene Tasse und keine andere. Sie mögen auch da sitzen, wo sie immer sitzen. So und nur so fängt der Tag verlässlich an. Hektik mögen Kinder nicht. Sie besitzen noch keinerlei Strategien, um Stress und Hektik zu bewältigen.

Ein guter Brauch ist es, nach dem Frühstück an die Darmentleerung zu denken. Hier helfen kleine Rituale, die vorhersehbare Situation positiv anzugehen.

Jede Erzieherin im Kindergarten ist dankbar, wenn ein Kind nicht nur trocken ist, sondern auch Stuhlgang auf der Toilette oder dem Töpfchen hat, bevor es in die Einrichtung kommt.

Töpfchenrituale, die helfen

Manchem Kind hilft es, wenn der Teddy Windeln trägt und ein eigenes Töpfchen besitzt. Seine Windeln werden ausgezogen und Teddy wird aufs Töpfchen gesetzt. Danach wird das Töpfchen des Kindes geholt. Während Kind und Teddy ihre Sitzung abhalten, geht die Mutter aufs Klo. Wenn alle sitzen, sagt die Mutter, ist es auch für sie höchste Zeit.

Kinder verstehen früh Humor und Witz. Eine solche Topfsitzung hat etwas sehr komisches, über das Kinder lachen müssen. Haben sie an solchen Ritualen erst einmal Gefallen gefunden, bestehen sie auf deren Wiederholung Tag für Tag. Die Verlässlichkeit der Situation wirkt sich alsbald physiologisch aus: Der Darm wird zur Pünktlichkeit erzogen. Für den Kindergartenalltag ist dies ebenso positiv wie für die Gesundheit des Kindes. Verstopfung verursacht auch Kindern große Probleme. Daher: Kindern und Erwachsenen hilft es, den Darm zur Pünktlichkeit zu erziehen. Pillen und Tabletten sind da völlig fehl am Platz. Manche chronische Verstopfung im Erwachsenenalter hat ihre Ursache in zu früher und zu humorloser Sauberkeitserziehung.

Wenn nach der Töpfchensitzung die Mutter hörbar die Toilette spült, der Teddy abgeputzt und frisch gewindelt wird, das Kind für die Sitzung – unabhängig vom Erfolg! – gelobt, abgeputzt und angezogen wird, ist ein fröhliches Ritual beendet. Hat das Kind erst einmal Routine in der morgendlichen Darmentleerung entwickelt, ebbt das Ritual von ganz allein ab. Das Kind merkt, das es nun ohne Hilfe auskommt und legt das Ritual beiseite wie ein verwachsenes Kleidungsstück.

Verlässlichkeit im Tagesablauf

Noch bevor das Kind kindergartenreif ist, bilden Frühstück und Darmentleerung eine wichtige Einheit in seinem Tagesablauf. Besucht es den Kindergarten oder wird es eingeschult, müssen diese beiden Punkte tief in den Gewohnheiten des Kindes verankert sein. Sie sind die Basis, auf der sich der Tag aufbaut.

Zum Wachwerden, Aufstehen und für die Morgentoilette brauchen Kinder Zeit, ebenso viel wie für das Frühstück und den Toilettengang danach. Erst dann beginnt der aktive Tag. Ob sie mit dem Tag klar kommen, hat viel damit zu tun, wie verlässlich die Basis ist.

So etwa lässt sich die Basis für den Tag gestalten:

- Wenn ein Kind nicht ausschlafen darf, sondern geweckt werden muss, dann am besten mit einem ähnlichen Ritual, wie es auch am Abend stattfindet: Ziehen Sie eine Spieluhr auf und machen Sie im Flur oder abgeschirmt in einer Ecke des Zimmers Licht.
- Je nach Alter des Kindes folgt nach einem fröhlichen „guten Morgen" die Entleerung der Blase oder das Windeln wechseln.
- Waschen muss sein, obwohl die wenigsten Kinder das mögen. Und vom ersten Zahn an kommt die Zahnbürste ins Spiel. Wer das alles toternst und mit Strenge betreibt, zieht unweigerlich einen Hygienemuffel groß. Hier helfen fröhliche Rituale, einer unumgänglichen Situation die spaßigen Seiten abzugewinnen.
- Sprechen und singen Sie mit dem Kind auch beim Anziehen. Benennen Sie die Farben der Kleidungsstücke und bewundern Sie die kleine Person. Ihr Kind soll wissen, dass es gut aussieht und schick ist.
- Das Frühstück ist eine der wichtigsten Mahlzeiten des Tages. Bieten Sie eine breite Pallette an, damit das Kind wählen

kann. Leise Hintergrundmusik und eine Kerze auf dem Frühstückstisch lassen Ihr Kind Geborgenheit tanken, zumal dann, wenn es nach dem Frühstück bereits einen „Termin außer Haus" hat.

- Nach dem Frühstück ist ein Toilettengang angesagt. Durch das Frühstück kommt Bewegung in den Kinderbauch, und mit der Bewegung kommt der „Erfolg" zum Vorschein.

Mit dieser Basis für den Tag, die auch Erwachsenen gut tut, kommt ein Kind gut über die Runden. Allerdings brauchen Kinder auch noch weitere, verlässliche Stützpunkte für den Tag.

Augenblicke der Trennung

Ob Sie Ihr Kind zur Oma geben, in die Krippe, in den Kindergarten oder in die Schule, zunächst tut jeder Abschied weh. Nehmen Sie sich Zeit dafür. Verbinden Sie den Abschied mit kleinen Ritualen, die schon mit dem Frühstück beginnen. Was mag das Kind heute mitnehmen, wie soll es eingepackt werden?

Kinder lieben – lange Zeit – immer gleiche Redewendungen. Mit kleinen Gegenständen in der Tasche fühlen sie sich draußen oft sicherer: die alte Armbanduhr vom Vater, ein Bärchen, ein Schlüssel, Stift oder dergleichen, deren Bedeutung nur das Kind kennt.

Der Abschied wird auch leichter, wenn das Kind weiß, was nach dem Wiedersehen auf dem Programm steht. Solch ein Programmpunkt kann durchaus auch eine Wunschmahlzeit sein. Aber denken Sie immer daran: Versprochen ist versprochen!

Kinderängste sind nicht selten

Auch das bestbehüteste Kind wird von Ängsten heimgesucht, von denen der Erwachsene oft nichts ahnt. Es sind Ängste, von denen wir glauben, dass sie durch nichts begründet sind. Ein Kind sieht das anders. Viele Kinder fürchten nach einer Verabschiedung, dass dies für immer sein könnte. Darunter leiden oft jüngere Kinder, die sich sprachlich noch nicht so ausdrücken können, wie sie es gerne möchten.

Größere fragen oft wie zum Spaß: Holst du mich auch wirklich wieder ab? Versprochen ist versprochen! Je mehr sich Ihr Kind auf Ihr Wort verlassen kann, desto sicherer fühlt es sich auch nach der Verabschiedung. Wenn es bislang nicht enttäuscht wurde, wird es Ihnen eher glauben, dass Sie es wieder abholen. Eine kleine Angst bleibt trotzdem fast immer. Das ist ganz normal.

Begrüßen Sie Ihr Kind nach jeder Trennung so, als habe es sich um eine „wochenlange" Trennung gehandelt. Die Begrüßung wird so Bestandteil der Abschiedszeremonie und erleichtert die Trennung. Das Kind freut sich auf die immer gleich ablaufende (stürmische) Begrüßung und wird so vom eigentlichen Anlass, der kurzen Trennung, abgelenkt.

Ob Ihr Kind in den Kindergarten geht oder zur Schule, fragen Sie es nicht nach seiner Rückkehr als Erstes: Wie wars? Es weiß darauf keine Antwort. Es ist so viel passiert, dass eine Zusammenfassung beim besten Willen nicht gelingen kann.

Machen Sie es sich schlichtweg zur Regel, Ihr Kind nach der Trennung fröhlich zu begrüßen und ihm das Gefühl zu geben, dass sie nun wieder beisammen sind.
Was das Kind in Ihrer Abwesenheit erlebt hat, muss sich erst setzen.
Was wichtig war, erzählt es Ihnen von sich aus – allerdings erst etwas später.
Wenn Sie wollen, erzählen Sie dem Kind, was Sie in seiner Abwesenheit getan oder erlebt haben und vor allem, dass Sie sich gefragt haben, wie es Ihrem kleinen Schatz wohl ergangen ist.

Der gelungene Tagesabschluss

So wichtig wie der Beginn des Tages mit all seinen Ritualen, kleinen Pflichten und Gewohnheiten ist auch das Ende des Kindertages. Wenn ein Kind tagsüber Zeit in der Kindergrippe, bei einer Tagesmutter, im Kindergarten oder in der Schule verbringt, sind Frühstück und Abendbrot und alles, was sich darum herum rankt, wichtige Eckpfeiler seines Tages. Gönnen Sie diesen beiden Eckpfeilern viel Zeit!

Kinder, die Zeit außer Haus verbringen, die also echte „Termine" haben, fühlen sich oftmals zeitlich bedrängt. Aber Kinder brauchen nun einmal viel Zeit, die sie sich selbst einrichten, die sie frei gestalten können. Geben Sie Ihrem Kind eine ordentliche Portion Abendzeit. Und das jeden Tag! Nichts bekommt Kindern so schlecht wie Hektik am Abend. Beginnen Sie also den Abend eine Stunde früher, das heißt: Lassen Sie den Tag still werden!

- Decken Sie miteinander in Ruhe den Abendbrottisch. Was getan ist, ist getan. Der gedeckte Tisch wartet geduldig, bis sich der Hunger meldet.
- Lassen Sie Ihr Kind schon mal das Buch heraussuchen, das Sie im Bett miteinander betrachten oder vorlesen wollen.
- Das Kind darf sein Bett aufdecken und schon seine Schlafgefährten dort einquartieren. Viele Puppen und Teddys brauchen für die Nacht auch extra Nachtkleidung!
- Wenn der Tag still wird, bekommen manche Kinder Lust zu malen. Dann hat sich gesetzt, was heute wichtig war und daraus entsteht dann oft das Bild des Tages.
- Lassen Sie den Fernseher kurz vor dem Schlafengehen am besten aus. Ihr Kind nimmt zu viele Bilder, zu viele Eindrücke, zu viel Sprache auf. Die Zeit, das noch sinnvoll zu verarbeiten, ist bis zum Einschlafen ganz einfach zu kurz.
- Waschen und Pflegen kann sehr viel Spaß machen, wenn

der Zwang dazu entfällt. Gehen Sie mit Ihrem Kind ins Bad und bereden Sie mit ihm, was heute Abend an der Reihe ist. Vielleicht schrubben Sie ihm den Rücken, cremen es ein oder massieren es? Vielleicht möchte es einmal ausgiebig den linken Fuß waschen? Spaß soll es machen und Zuwendung soll es sein. Jeder Zwang zur Hygiene ist fehl am Platz.

• Im Schlafanzug, mit Socken an den Füßen oder Pantoffeln, noch ein bisschen herumtollen macht ebenfalls Spaß. Lassen Sie das Kind im Schlafanzug Abendbrot essen. Und das in Ruhe.

• Fragen Sie Ihr Kind, worauf es sich morgen freut. Und sagen Sie ihm auch, was Ihr morgiger Freu-Punkt ist.

• Das Abendbrot darf ruhig mit einer kleinen Süßigkeit enden. Noch sind die Zähne ja nicht geputzt.

• Wenn Bettgehzeit ist, geht Ihr Kind noch einmal zur Toilette, putzt sich die Zähne und wäscht die Hände. Vermutlich gähnt es inzwischen ...

- Der Tag klingt mit Vorlesen, Erzählen und Bilder betrachten aus. Dann beginnt Ihr Abend! Wenn Ihr Kind den eigenen Abend genossen hat, wird es auch Ihnen den Abend gönnen.

Die strukturierte Woche

Im zweiten Lebensjahr schaffen es die meisten Kinder, die Nacht zum Schlafen und nicht mehr zum Teetrinken oder Schmusen zu benützen. Gehen sie erst einmal in den Kindergarten oder zur Schule, verteidigen sie ihre Nachtruhe mit Zähnen und Klauen.

Der zunehmend differenzierter strukturierte Tag tut ein Übriges, um die Nachtruhe gelingen zu lassen. Der Zeitbegriff, in dem Tag und Nacht nun feste Positionen haben, erweitert sich. Schon das Kindergartenkind ist stolz darauf, wenn es die Wochentage auswendig kennt. Jetzt wird es immer wichtiger für das Kind, dass sich nicht nur Tageszeiten voneinander unterscheiden, sondern ebenso auch die einzelnen Wochentage.

Natürlich ist jeder Sonntag von Natur aus ein besonderer Tag. Der Sonntag sollte ein Familientag sein und ein Tag, der sich deutlich von den übrigen Wochentagen unterscheidet. Es gibt Sonntagsbräuche, die Kinder nie vergessen. Forschen Sie einmal in Ihrer eigenen Familiengeschichte nach, wodurch sich Sonntage von den übrigen Wochentagen abhoben. Vielleicht lässt sich das eine oder andere ja auch mit den heutigen Kindern Gewinn bringend wieder einführen.

Wochentage können sich durch Wunschmahlzeiten voneinander unterscheiden. An einem Tag ist der Wochenmarkt dran, dann gibt es Genüsse in allen Varianten. An einem anderen Wochentag gehen alle zum Schwimmen. Weil das viel Zeit kostet, fällt das Essen weniger üppig aus: Es gibt Pellkartoffeln und Quark. Lassen Sie Ihre Kinder die Wochentage so unterschiedlich erleben, wie es Ihre Fantasie und Ihre Zeit erlauben.

Sie vermeiden damit auch, dass nur die Schule oder ein etwaiger Zusatzunterricht die Woche des Kindes strukturiert. Die Wochentage sind wichtig für Ihr Kind; die Schule kann gar nicht so wichtig sein, dass sie die Oberhand über die Woche gewinnt.

Ich kenne eine Familie, die begeht allwöchentlich einen Bummel-Mittwoch. Alle gehen in die Stadt, ins Kino, ins Bistro, zur Tierschau, wohin es die Familie gerade so zieht. Der Vater hat mittwochs frei. Dafür ist er samstags nicht zu Hause. Und darum achten alle ziemlich stur darauf, dass den Mittwoch keiner stört. Es ist schon einige Male vorgekommen, dass die Kinder zu viele Hausaufgaben hatten. Dann bekamen sie am anderen Tag einen Zettel mit in die Schule, auf dem der Lehrer erfuhr: Heute war keine Zeit für Hausaufgaben. Sie werden morgen nachgereicht.

Jahreszeiten strukturieren das Jahr. Jede Jahreszeit hat ihre festlichen Höhepunkte. Sonntage strukturieren den Ablauf der Wochen. Aber was ist mit den einzelnen Wochentagen?
Eine Kinder-Woche ist viel, viel länger als eine Erwachsenen-Woche. Geben Sie jedem Wochentag einen besonderen Glanzanstrich, damit nicht alle gleich und womöglich gleich grau sind. Ein i-Tüpfelchen auf jedem einzelnen Wochentag ist eine Frage der Fantasie. Und es ist eine Möglichkeit für Ihr Kind, sich darauf zu freuen und später zu sagen: Donnerstags war das immer so ...

Worauf ist Verlass?

Wenn wir einen Menschen als unzuverlässig bezeichnen, deutet das an, dass der Umgang mit ihm nicht unproblematisch ist. Abmachungen gelten nicht, Meinungen wechseln, Versprochenes gerät in Vergessenheit. Wenn wir jemanden als Freund bezeichnen, möchten wir vor allem, dass auf ihn Verlass ist. Aber wo lernen Menschen Verlässlichkeit?
Grob gesagt: in der Wiege! Man muss am eigenen Leib erfahren, wie sehr man sich aufgehoben und geborgen fühlen kann, wenn auf die Eltern Verlass ist. Nur so kann die Tugend der Verlässlichkeit zum Bedürfnis werden, zu einer Verhaltensweise, mit der man von Geburt an nur gute Erfahrungen gemacht hat.

Auf der Suche nach ein bisschen Sicherheit

Eine der meist geschauten Sendungen aller Sendeanstalten ist der Wetterbericht. Der Mensch will wissen, worauf er sich einstellen muss, obwohl ein Regenguss zu den eher harmlosen Katastrophen im menschlichen Leben gehört. Verspricht ein Reiseveranstalter nur sonnige Tage für den Urlaub, indess ein Regentag sich an den anderen reiht, bekommt der Urlauber eine Art Schmerzensgeld für entgangene Sonnenfreuden.

Horoskope haben Hochkonjunktur. Wann ist der günstigste Zeitpunkt für Liebe, Geld oder Reisen?

Sekten haben Zulauf wie nie zuvor. Unzählige Menschen unterwerfen sich dem Diktat zweifelhafter Führer und deren Regeln und Richtlinien. Sie achten die eigene Freiheit nur gering und lassen sich bis ins kleinste Detail vorschreiben, was sie zu tun und zu lassen haben. Sie werden zu Marionetten in der Hand ihrer Gurus und Sektenführer.

Wenn eine Zeit, so wie gegenwärtig die unsere, im Umbruch ist, werden die Menschen verunsichert. Was gestern noch galt, gilt heute schon nicht mehr. „Worauf kann man sich denn noch verlassen?", ist eine derzeit oft gestellte Frage. Unsicherheit lässt nach Strohhalmen greifen. Irgendetwas muss doch sicher sein!

Pseudosicherheiten treten so anstelle echter Sicherheiten, die rar geworden sind. Wenn nun aber schon Erwachsene auf der Suche nach Sicherheiten, nach Verlass im täglichen Leben suchen, um wie viel mehr dann erst Kinder!

Sie sind ja noch ohne das ausgestattet, was man als Lebenserfahrung bezeichnet, und angewiesen auf wohlmeinende Erwachsene, die ihr Leben regeln. Uns Erwachsenen kann die Lebenserfahrung in manchen Situationen beistehen, in positiven sowohl als auch in kritischen.

Sich verlassen können oder sich verlassen fühlen

Babys haben ein ganz großes Problem: Sie haben noch keine Lebenserfahrung! Wenn sie ihre Bezugsperson weder hören, noch sehen, noch fühlen, wird diese Person in ihrem Kopf sogleich als vermisst gemeldet. Sie fangen an zu weinen oder zu schreien, weil der Verlust schmerzt.

Auch dreijährige Kinder vermissen die Mama, wenn der Kontakt unterbrochen ist. Sie beginnen zu suchen, vielleicht zu weinen. Ihre Lebenserfahrung sagt ihnen aber, dass kurzzeitiges Nichtsehen oder Nichthören noch keineswegs bedeutet, dass die Mama für immer verschwunden ist. Sie kann auf dem Balkon sein, im Bad, jedenfalls in der Nähe, man muss halt suchen.

Ein dreijähriges Kind will und muss sich darauf verlassen, dass die Mutter immer in der Nähe ist, oder dass sie Bescheid sagt, bevor sie ein paar Schritte weiter geht: in den Keller oder zum Hausbriefkasten, jedenfalls in Hör- und Rufweite.

Ein Baby will und muss sich darauf verlassen, dass die Mutter oder eine Bezugsperson beständig anwesend ist. Sobald es wach ist, muss es Zeichen bekommen, dass es nicht verlassen wurde. Je älter es wird und je besser seine Erfahrungen sind, desto eher wird es kleine Abwesenheiten aushalten können. Seine wachsende Lebenserfahrung sagt ihm, dass die Mama, obwohl sie gerade kein Zeichen gibt, nicht verschwunden, sondern nur außer Hör- und Sehweite ist.

Dauert die Trennung aber länger, besiegt die Verlustangst die karge Lebenserfahrung: Manche Kinder halten zwei, andere fünf Minuten für das untrügliche Zeichen der eingetretenen Katastrophe: Die Mama ist weg. Und das für immer! Babys haben kein Zeitgefühl. Sie orientieren sich am Augenblick. Jetzt ist jetzt. Ein Verlust wird jetzt empfunden und jetzt gleich beklagt. Wer noch keinen Zeitbegriff hat, den kann man nicht auf morgen vertrösten, auch nicht auf heute Abend, auch nicht auf gleich oder später.

Nähe – überlebenswichtig
Leider gibt es immer noch viele Eltern, die ihren Kindern möglichst rasch beibringen möchten, wie das wirkliche Leben spielt. Sie befürchten, dass sie ihr Kind heillos verziehen, wenn sie sich auf jeden Wunsch ihres Kindes einlassen. Mir sind schon Mütter begegnet, die felsenfest davon überzeugt waren, ihr halbjähriges Kind könne und müsse dosiertes Alleinsein ertragen. Dahinter steckt die Angst, ein abhängiges Kind zu haben oder sich selbst vom Kind abhängig zu machen. Diese Mütter erreichen allerdings genau das Gegenteil von dem, was sie erzieherisch beabsichtigen, nämlich ein abhängiges Kind!

Und das kommt so: Das Kind, wie gesagt noch ohne jegliche Lebenserfahrung, erreicht keine sichere Basis des Vertrauens, weil es beständig verunsichert wird. Es meldet lautstark den empfundenen Verlust an, doch die Mutter schaut zur Uhr und bleibt fern. Ihre Absicht, das Kind in Sachen Alleinsein kompetent zu machen, wird vom Kind nicht verstanden. Es weint oder schreit, weil es die Trennung nicht erträgt.

Da Kinder kein Zeitgefühl haben, dauern schmerzliche Sekunden eine Ewigkeit. Verzweiflung stellt sich ein. In dieser Situation kippt oft Schreien in angstvolles Schweigen um. Es ist, als habe das Kind begriffen, wie aussichtslos es ist, die Mutter herbeirufen zu wollen.

Passiert es dem Kind oft, dass es mit seiner Sehnsucht nach der Bezugsperson allein gelassen wird, stellen sich unterschwellig Verlassenheitsgefühle ein. Das Kind lernt, statt bedingungsloses Vertrauen aufzubauen, eine Art Hab-acht-Stellung zu installieren. Da es sich seiner Sache nie ganz sicher ist, beginnt es zu klammern.

Während sich Babys, die gute Erfahrungen mit der beständigen, abrufbaren Nähe zu ihren Bezugspersonen gemacht haben, Schritt für Schritt emanzipieren, kleben enttäuschte Kinder wesentlich länger am Rockzipfel ihrer Mutter oder Bezugsperson. Kinder müssen erfahren, dass sie sich verlassen können.

Solange es zu ihren lebenswichtigen Bedürfnissen gehört, hörbaren, sichtbaren und fühlbaren Kontakt zur Mutter haben zu wollen, muss dieses Bedürfnis gestillt werden wie Hunger oder Durst.

Kann sich das Kind nicht auf den Regelkreis von „Bedürfnis anmelden – Bedürfnis befriedigen" verlassen, wird sein Vertrauen nicht stabil. Kinder ohne stabiles Vertrauen machen stets den Eindruck, als wären sie niemals richtig satt geworden. Sie können recht schwierig werden:
- Warten, sich gedulden, schaffen sie nicht.
- Verzichten oder einen Wunsch vertagen, ist diesen Kindern eine schier unerträgbare Last.
- Teilen bedeutet für sie die Katastrophe schlechthin.
- Auf nachrückende Geschwister reagieren sie mit Störungen ihres sozialen Verhaltens bis hin zu Aggressionen oder Depressionen.
- Wegen ihrer eingeübten Hab-acht-Stellung konzentrieren sie sich nur mühsam. Sie sind ständig auf der Hut, dass etwas passieren könnte, was sie beeinträchtigt oder gegen sie ist.
- Erhalten sie den Kontakt, die Aufmerksamkeit, die sie sich ersehnen, klammern sie so stark, dass sie lästig werden. Zieht sich der Erwachsene dann zurück, bestätigt sich für sie, was sie unterschwellig längst wussten: Nichts ist sicher, auf nichts kann man sich verlassen.

Achtung vor körperlichen Grenzen
Neugeborene empfinden die Grenzen zwischen sich und der Mutter als fließend. Man könnte auch sagen, dass sie Körpergrenzen einfach ignorieren.

Erst ganz langsam stellt sich das Bewusstsein ein, mit den Händen zum Beispiel den eigenen Fuß zu halten. Halten die Hände das Gesicht der Mutter fest, fühlt sich das anders an. Ein langsamer Prozess führt das Kind aus der Symbiose mit der Mutter heraus in ein eigenes Körperbewusstsein.

Im Verlauf des ersten Jahres ordnet das Kind seinen einzelnen Körperteilen die Namen zu, die es von seiner Mutter vorgesagt bekommt. Im zweiten Lebensjahr wird das Körperbewusstsein ständig differenzierter. Auch wenn das Sprachvermögen noch hinter dem wachsenden Ichbewusstsein zurücksteht, der kleine Mensch begreift mehr und mehr: Ich, das bin ich von Kopf bis Fuß!

Jetzt möchte sich das Kind darauf verlassen, dass diese bewusst gewordene Körpergrenze vom Erwachsenen auch respektiert wird. Das fällt vielen Erwachsenen extrem schwer. Das Kind ist doch so niedlich! Warum nicht mal schnell auf den Arm nehmen, durchdrücken und abküssen? Oder das Kind hat gerade einen Trotzanfall. Warum nicht mal schnell einen Klaps auf den Po oder auf die Finger? Oder das Kind hat eine Phase, in der es schlecht isst. Warum nicht ein bisschen Druck beim Füttern ausüben? Rein mit dem Löffel! Erwachsene glauben schließlich, dass sie genau wissen, wann ein Kind Hunger hat oder friert.

Wie kompetent Kinder indessen wirklich sind, nehmen sie lieber nicht wahr. Es könnte das Ende der kuscheligen Babyzeit sein. Das schmerzt. Wir müssen Kindern nicht nur erlauben, sondern ihnen garantieren, dass wir ihre körperliche Integrität wertschätzen. Und dass sie sich wehren dürfen, wenn Körpergrenzen überschritten werden. Wenn Kinder früh und mit der ganzen Wertschätzung der Erwachsenen ihre Körpergrenzen entdecken, genießen und verteidigen dürfen, schützen wir sie auch vor Übergriffen gewissenloser Erwachsener.

Kinder müssen früh wissen: Das ist mein Körper! Sie sind dann viel eher in der Lage, für ihren Körper Verantwortung zu übernehmen. Das hat auch damit zu tun, dass sie ihn mögen. Was man mag, kann man besser schützen. Und es kommt hinzu, dass die Unversehrtheit des Körpers sehr viel mit der Unversehrtheit der Seele zu tun hat. So ist ein Schlag auf den Po immer auch ein Schlag gegen die Seele.

Worauf aber soll ein Kind sich verlassen, wenn die Erwachsenen es nicht schaffen, die Körpergrenzen eines Kindes zu respektieren? Schaffen sie es dann, Respekt vor seiner Seele, seinem Selbst- und Ichbewusstsein zu haben? Wohl kaum.

Wer verlassen wird, verlässt

Das erste Lebensjahr im Leben eines Menschen stellt nicht nur die Weichen für seine Kindheit, sondern auch für sein gesamtes künftiges Erwachsenenleben. Natürlich spielt die genetische Ausstattung eine bedeutende Rolle in seinem Leben, aber eine optimistische oder pessimistische Grundhaltung wird ihm nicht angeboren, sondern erworben.

Vertrauen ist nicht angeboren. Wie stark oder wie unzulänglich ein Mensch liebt, verzeihen kann oder in der Lage ist, seine sozialen Belange einvernehmlich mit anderen zu regeln, wird ihm nicht angeboren, sondern hängt davon ab, wie dieser Mensch an sich selbst soziales Verhalten erfahren hat. Es hat mit Lernen zu tun. Und das beginnt mit der Geburt des Menschen.

Früh gemachte Erfahrungen mit Verlässlichkeit oder Unzuverlässigkeit bilden die negative oder positive Basis, auf der sich weitere Erfahrungen aufbauen. Oft strampeln Erwachsene gegen Erfahrungen an, die sie als Babys gemacht haben, ohne dies zu ahnen.

Eine ganze Therapierichtung fußt auf der Annahme, dass grundlegende Fehler in frühester Kindheit bis ins Erwachsenenalter Folgen zeigen. In einer oft jahrelangen Analyse führt der Therapeut den betreffenden Menschen zurück in seine Kindheit, deckt uralte Wunden auf und lässt ihn Beziehungen nachspüren. Es ist eine Reise ins Unbewusste, in die Zeit der totalen Abhängigkeit von Mutter oder Vater. Letztlich geht es um die Frage: Welche Bedürfnisse hatte dieses Kind und was haben die Bezugspersonen damit gemacht?

Es gibt Menschen, die scheitern in jeder Beziehung. Ob Freundschaft, Partnerschaft oder Elternschaft, es klappt einfach nicht. Und da es nicht klappt, ziehen sie sich zurück, bevor sie noch recht gestritten oder versucht haben zu retten, was noch zu retten ist.

So fehlt schließlich jede Übung und die daraus resultierende Einsicht, dass Beziehung, wenn sie denn glücken und Bestand haben soll, die Frucht harter Arbeit ist. Die Kontinuität, die darin steckt, haben sie an sich selbst nie erlebt. Ihnen fehlt das Zutrauen in ihre Kraft, eine Beziehung über alle Hürden zu bringen. Sie verlassen, weil sie verlassen wurden. Weil sie sich nicht vorstellen können, dass jemand unerschütterlich zu ihnen stehen könnte, geben sie vorzeitig auf und suchen das Weite.

Sich unerschütterlich verlassen können, ist eine Erfahrung, die Kinder nicht früh genug und nicht langfristig genug machen können, damit sie im Erwachsenenleben stabile Beziehungen zu knüpfen vermögen.

Versprochen ist versprochen

Wie sehr Kinder sich auf Erwachsene verlassen möchten, wird deutlich, wenn sie die auch noch so geringfügigsten Versprechen einklagen möchten. Es scheint fast angeboren zu sein, dass Kinder darauf bestehen, dass eingegangene Versprechen um jeden Preis gehalten werden. Da lässt sie ihr Gedächtnis ganz einfach nicht im Stich!

Es wurde schon einmal angedeutet, dass Kinder Freu-Punkte für den nächsten Tag brauchen, positive Aussichten, die überdies helfen, den Tag oder die Woche zu strukturieren. Erwachsene tun gut daran, solche einmal aufgestellten Regeln oder lieb gewonnenen Rituale unerschütterlich einzuhalten. Hier lernt das Kind, was Verlässlichkeit im Alltag bedeutet. Und da das Kind diese Verlässlichkeit genießt und als positiven Bestandteil in sein Leben integriert, wird es sich zu einem verlässlichen Menschen entwickeln. Verlässliche Menschen tun sich in Beziehungen wesentlich leichter als solche, die durch ihre Unbeständigkeit dauernd anecken.

Versprechen zu geben und Versprechen einzuhalten ist gewissermaßen eine Kunst. Bevor Sie Ihrem Kind etwas versprechen, holen Sie am besten erst einmal tief Luft!

Sie wissen, dass Sie gegebene Versprechen einlösen müssen, weil Ihr Kind darauf besteht und sehr enttäuscht wäre, wenn es umsonst vertraut hätte. Versprechen Sie also nicht das Blaue vom Himmel, sondern ganz realistisch das, was Sie auch wirklich einlösen können.

Ihr Kind wird kein Verständnis dafür haben, wenn Sie für Mittwochabend Pfannkuchen mit Marmelade und Puderzucker versprechen, im letzten Augenblick aber weder Eier noch Puderzucker greifen können. Zuweilen muss man die Einhaltung seiner Versprechen regelrecht organisieren. Aber unsere Kinder sind es Wert, dass wir uns gelegentlich ihretwegen den Kopf zerbrechen müssen, denn versprochen ist nun mal versprochen!

Wenn du das noch einmal machst ...

Bislang war die Rede von jenen positiven Versprechungen, auf deren Einhaltung sich Kinder freuen. Leider gibt es da aber noch eine ganz andere Sorte von Versprechungen. Und noch immer glauben viele Eltern, ohne sie nicht auskommen zu können:
- Wenn du das noch mal machst, lange ich dir eine!

- Wenn du das noch mal sagst, rede ich nie wieder ein Wort mit dir!
- Wenn du deine Hausaufgaben wieder vergisst, bekommst du drei Tage Arrest!

Und das übelste aller Versprechen, das leider noch allzu oft von Eltern oder Großeltern, Tanten oder Onkels gegeben wird, lautet etwa so:
- Wenn du das oder jenes tust oder nicht lässt, habe ich dich nicht mehr lieb!

Wer immer mit Liebesentzug droht oder straft, handelt nahezu kriminell. Kinder können ohne Liebe nicht leben. Liebe ist die Existenzgrundlage kindlichen Daseins. Und was könnte so sträflich sein, dass ein Erwachsener glaubt, ein Kind mit Liebesentzug
- warnen,
- erpressen oder
- strafen zu müssen?

Kinder lernen. Wer lernt, macht Fehler. Wer nicht lernt, macht keine Fehler. Kinder lernen durch ausprobieren. Sie lernen ebenfalls durch Nachahmung. Nur so kommen sie zu Wissen und Erfahrung.

Wissen und Erfahrung machen kompetent. Und was können wir uns Besseres wünschen, als ein kompetentes Kind in sein eigenes Leben zu entlassen, wenn die Zeit dazu reif ist?

Machen Sie also niemals negative Versprechungen. Und wenn Ihnen doch einmal eine herausgerutscht ist, dann entschuldigen Sie sich bei Ihrem Kind. Man kann Kindern ruhig sagen, dass man gerade einen Fehler gemacht hat. Kinder verstehen das. Aber lassen Sie sich niemals dazu hinreißen, ein Versprechen,

das auch nur die Spur eines Liebesentzugs enthält, wirklich einzuhalten. Wenn Ihr Kind Ihnen auf die Nerven geht,
- fragen Sie sich, warum Sie gerade so reizbar sind
- und fragen Sie Ihr Kind, ob es vielleicht einen Apfel essen möchte oder Durst hat.

So entsteht eine Pause, in der Sie ganz einfach mal tief durchatmen können. Und dann fragen Sie sich in aller Ruhe, was Ihr Kind da gerade so Schlimmes tut. Will es Sie ärgern? Oder lernt Ihr Kind gerade? Kann es das Gleiche auch mit anderen Mitteln lernen? Dann geben Sie ihm einen Ersatz, der seine Aktivität nicht stoppt, sondern weniger nervig auf Sie selbst wirkt.

- Ein Kind muss nicht auf die Tapete malen, aber einen großen Bogen Packpapier sollten Sie schon ersatzweise zur Hand haben.
- Erste Schneideübungen mit einer Schere müssen nicht Ihre beste Tischdecke treffen; halten Sie einfach ein ausrangiertes Oberhemd parat.
- Wenn Ihr Kind den Locher oder das Klammergerät entdeckt hat, muss es diese wichtigen Instrumente nicht an Ihrer Korrespondenz ausprobieren. Ein ausgedienter Katalog tut seine Dienste fast noch besser.

Ich will mit diesen wenigen Beispielen sagen, dass der Lernwille des Kindes fast immer mit den Interessen der Erwachsenen in Einklang zu bringen ist. Vorausgesetzt natürlich, der Erwachsene verbietet nicht einfach die ihn störenden Aktivitäten, sondern macht sich Gedanken darüber, was das Kind gerade ausprobiert, übt und schließlich können möchte. Ein solches Erwachsenenverhalten macht jede Drohung überflüssig, am allerehesten aber jenes üble Versprechen: Wenn du nicht sofort aufhörst, hat die Mama dich nicht mehr lieb!

Worauf ist Verlass?

Verlass muss aus kindlicher Sicht darauf sein, dass die Erwachsenen alles tun, damit ein Kind sich seinem inneren Programm entsprechend entwickeln kann. Und dazu gehört, ganz und gar untrennbar, dass die Zuneigung zum Kind in Krisensituationen nicht entzogen, sondern eher noch verdoppelt wird. Nur so werden Kinder kompetent. Nur so werden Kinder soziale Wesen, auf die sich ihrerseits auch die Eltern verlassen können.

Regeln und Ausnahmen

Die frühe Gewöhnung an Regeln macht Kinder sicher und selbstbewusst. Sie können mithalten und stehen nicht jeder Situation kopflos gegenüber. Kinder, die Regeln übernommen haben, weil die Erwachsenen sie ihnen sinnvoll vorgelebt haben, bekommen in ihrer sozialen Umgebung Anerkennung. Die Anerkennung stärkt ihr Selbstbewusstsein.
Nun gibt es aber auch im Kinderleben eine Reihe von Ausnahmen, die zwar die Regeln nicht außer Kraft setzen, aber doch vorübergehend ruhen lassen. Kinder genießen das. Kritischer ist es, wenn Erwachsene so sehr mit sich beschäftigt sind, dass sie keine Energie mehr haben, um auf sinnvollen Regeln zu bestehen.

Ausnahmezustand Urlaub

Wenn der Volksmund Recht hat,
- gibt es keine Regel ohne Ausnahme
- und die Ausnahme bestätigt die Regel.

Im Kinderleben gibt es gar manche Regel, die mit den Jahren ihre Gültigkeit verliert. Irgendwann hat sich der Mittagsschlaf überlebt und das einstmals frühe Zubettgehen pendelt sich langsam aber sicher auf immer spätere Abendzeiten ein. Solange aber die Regel gilt, dass ein Mittagsschlaf stattfindet oder um sieben Uhr am Abend unweigerlich der Kindertag endet, solange gibt es auch Ausnahmen von der Regel. Und das ist gut so.

Vielleicht erinnern Sie sich noch an die herrlichen Ausnahmen in Ihrer eigenen Kindheit, wenn Neujahr war oder Ostern, wenn Besuch kam oder die Familie auf Reisen ging. Ausnahmen kann man nur in vollen Zügen genießen, wenn man zuvor den Alltag der strengen Regelhaftigkeit kennen gelernt hat.

Wer sich jeden Abend seine Schlafenszeit selbst aussuchen darf, wer Tag für Tag nach Lust und Laune seine Essenszeiten einrichtet, sich wäscht oder es lässt, der kann einen Urlaub kaum genießen, in dem fast alle Regeln außer Kraft gesetzt sind.

Ginge es nach den Kindern, wären die Ferien mit Sicherheit die schönsten Wochen im Jahr. Sie wären zugleich aber auch die billigsten Tage des ganzen Jahres. Kinder verstehen unter Ferien und Urlaub die Aussetzung des Alltags schlechthin.

Dazu brauchen sie weder lange Flug- oder Autoreisen, weder fremde Länder noch exotische Gerichte, auch kein ungewohntes Klima oder die Häufung von anstrengenden Besichtigungen. Sie brauchen das, was ihnen der Alltag eher vorenthält:
- Zeit und Zuwendung vor allem des Elternteils, der berufstätig ist und im Alltag von den Kindern nicht ausreichend erlebt werden kann.

- Das völlige Freisein von allen Terminen, sei es das frühe Aufstehen, der unumgängliche Besuch der Krippe, des Kindergartens oder der Schule.
- Sie möchten aber auch frei sein von allen Zwängen, die ursächlich mit Terminen zu tun haben: Diktate machen, Klavier üben, von ihren Spielsachen oder Freunden getrennt werden.
- Wenn schon alle Termine entfallen, dann möchten Kinder Zeit haben! Sie haben richtig gelesen: Unseren heutigen Kindern fehlt die Zeit, sich in aller Ruhe mit sich selbst zu beschäftigen. Dazu gehören Dösen und Bummeln ebenso wie jene scheinbar sinnlosen Spiele, denen die Erwachsenen keinen pädagogischen Wert zumessen:
- Einmal im eigenen Zimmer ausgiebig kramen oder sich im Keller oder auf dem Speicher umsehen. Im eigenen Zimmer die Möbel umstellen oder das Bett in ein pures Matratzenlager umwandeln.
- Einmal jene Klamotten tragen, die sonst tabu sind.
- Das Waschen ausfallen lassen, dafür ausgiebig an einem Wasserloch spielen und den Dreck genießen.
- Selbst Mahlzeiten ausdenken und zubereiten und dazu Unmengen von Ketschup, Honig oder Sahne verwenden.
- Eine Hütte im Garten bauen, darin essen, schlafen und Gäste empfangen.
- Bei den Nachbarn, Freunden oder Freundinnen schlafen.
- Die Schlafenszeit einmal selbst bestimmen. Die Gesundheit eines Kindes ist nicht gefährdet, wenn es einmal auf eigene Faust ausprobiert, wie lange es sich wach halten kann.
- Wald und Wiese, Bach und See in der engeren Heimat besuchen. Dort verweilen dürfen. Nicht gedrängt von den Erwachsenen, die vielleicht der Ansicht sind, dort sei ja gar nichts los!
- Einen fremden Ort in der Nähe mit Bus oder Bahn erobern. Was tut sich da auf? Nur ein Geschäft am ganzen Ort, eine Kirche, eine Kneipe! Dafür vielleicht Tiere auf der Weide und

Gänse am Bach. Und die Leute schauen einen an wie fremde Wesen, weil ihr Ort alles andere ist als ein Urlaubsort.

Der ganz normale Alltag
Der ganz normale Alltag verlangt uns und unseren Kindern das Einhalten gar mancher Regel ab, sonst bekämen wir die Tage im wahrsten Sinne des Wortes „nicht geregelt". Um so mehr sollten wir ihnen solche Ferien gönnen, in denen sie frei und selbstbestimmt ihren Kinderalltag genießen können.

Die meisten Kinder kehren freiwillig zu den vernünftigen Regeln zurück, die ihnen den Alltag ja nicht nur erschweren, sondern vielfach auch erleichtern. Wer frühmorgens in den Kindergarten oder in die Schule geht, genießt es letztendlich doch, wenn feste Regeln den Tag bestimmen.

Und es gibt ja auch die begründete Aussicht auf die nächsten Ferien, wenn wieder einmal die Vernunft der Regeln über die Kreativität der Ausnahmen (begrenzt) in Vergessenheit gerät.

Krisenzeiten

Auch in das behüteste Kinderleben können Krisen einbrechen, nicht selten sogar Katastrophen. Um nur einige der möglichen Anlässe zu nennen:
- Scheidung,
- Tod,
- Arbeitslosigkeit,
- längere Krankheit oder Abwesenheit eines Elternteils,
- plötzlicher Wohnungswechsel,
- Verlust eines Geschwisters.

Was immer der Anlass einer Krise oder Katastrophe ist, das Regelgefüge des bisherigen Alltags gerät dadurch aus den

Fugen. Ganz im Gegensatz zu Ferien oder Urlaub, der ja immer von lustvoll erlebten Ausnahmen begleitet ist, wird das Aufgeben der Regelhaftigkeit in Krisensituationen vom Kind als beängstigend und verunsichernd erlebt.

Den Erwachsenen fehlt plötzlich die Zeit, Regeln, Rituale oder Bräuche zu kontrollieren und damit wichtig zu machen. Es geht an ihnen vorbei, ob das Kind sich die Hände gewaschen oder die Zähne geputzt hat. Es gibt Wichtigeres!

So empfinden es Kinder, deren Eltern sich gerade trennen, oft schmerzlicher als die Abwesenheit des Vaters, wenn die Mutter zum Beispiel depressiv und willenlos ihnen freien Lauf lässt. Etwa nach dem Motto: Macht doch, was ihr wollt, ich bin genug gebeutelt!

Kinder sind nur selten in der Lage, die Strukturierung ihres Alltags mit all seinen nützlichen Regeln selbst aufrecht zu erhalten. Sie brauchen dazu einen Erwachsenen, der die Fäden spinnt, sie erinnert und kontrolliert. Dies ist eine Regel, die unerlässlich zur Regel dazugehört! Es macht das Einhalten der Regeln wichtig und bedeutsam.

Erwachsene sollten es sich zur Regel machen, gerade in Krisenzeiten auf gewohnten Regeln zu bestehen. Das gibt den Kindern Sicherheit. Es vermittelt ihnen die Kontinuität, die sie gerade dann am meisten brauchen, wenn sich die Familie aus dem ein oder anderen Grund verändert.

Kinder zu Besuch

Wenn Kinder zu Besuch sind, ob bei Freunden oder Verwandten, gilt als oberste Regel, dass sie dem Gastgeber nicht zur Last fallen, nicht auf die Nerven gehen.

Das ist zwar leicht gesagt, aber die Schwierigkeit ist wohl jedem bewusst, der für kurze oder längere Zeit das Kind einer anderen Familie zu Gast hat.

Daheim herrschen Regeln, die beim Gastgeber außer Kraft gesetzt zu sein scheinen. Jedenfalls denken das die Beteiligten. Die Folge davon ist Unsicherheit. Und Unsicherheit kann ganz schön nervös machen. Wenn Kinder zu Besuch sind, kann das etwa so ablaufen:

- Meine Mama kocht viel besser als du!
- Zu Hause muss ich mir nie die Hände waschen!
- Hier ist es langweilig.
- Das Bett ist dreckig, darin schlafe ich nicht.

Aber es ist nicht nur das Gerede, welches den Gastgeber nervt. Das unsichere Kind verhält sich auch auffälliger als sonst. Da werden Schränke und Schubladen ausgeräumt, Herd und Wasserhähne aufgedreht oder Blumentöpfe umgegraben. Daheim, versichern die Eltern, macht das Kind so etwas nie! Das stimmt tatsächlich.

Warum verhält das Kind sich nun völlig anders?
Wir alle werden in unserem Alltag durch Regeln und Rituale, Bräuche und Traditionen regelrecht „festgehalten". Das beginnt am frühen Morgen und endet abends spät: Es ist ein Regelwerk aus Geräuschen und Gerüchen, Handlungen und Abläufen, Dingen und Ordnungen, Stimmungen und Reaktionen, deren Muster uns bekannt ist. Wir wissen sozusagen, was im nächsten Augenblick auf uns zukommt und stellen uns innerlich unbewußt darauf ein.

Gehen wir in Urlaub, zur Kur oder ins Krankenhaus, tritt an die Stelle des täglich gewohnten Regelwerks zunächst einmal etwas, was niemand gerne zugibt: Langeweile. Wir geraten aus dem Takt und müssen nun neu überlegen, was jetzt an die Stelle des gewohnten Regelwerks tritt oder uns langweilen. Manche Leute behelfen sich damit, im Urlaub alles haarklein so einzurichten wie daheim. Das Bier muss stimmen, das Essen auch.

Die Dinge des Lebens bringt man sich eh von daheim mit und legt sie in der Fremde so aus, als wäre man gar nicht fort. Urlaub ja, aber bitte nur so wenig Veränderung wie möglich!

Wer seinen gewohnten Alltag verlässt, muss sich mit neuen Strukturen auseinander setzen. Das trifft ganz besonders auf Kinder zu. Werden die Ausnahmen von der Regel nicht lustvoll erlebt, entsteht zunächst Unsicherheit. Unsichere Kinder neigen aber oft dazu, lieb gewonnenes – also die Sicherheit – mit dem Neuen – also Unsicheren – zu vergleichen. Dabei wird in der Regel erheblich übertrieben. Das ist ein Mechanismus, der ihnen hilft, das Neue kräftig abzuwerten.

Was gestern war, wird verklärt

Wir kennen das an uns selbst: Früher war alles besser, schöner, größer. Das stimmt zwar meistens nicht, kommt uns aber tatsächlich so vor.

Woran liegt das? Es liegt schlichtweg daran, dass wir uns mit dem Gewohnten sehr gut zu arrangieren verstehen. Was die Regel ist, bewerten wir nicht ständig kritisch neu. Tritt aber eine Ausnahme ein, bewerten wir neu und kommen meist zu dem vorschnellen Ergebnis: Früher war es besser! Der Mensch ist ein Gewohnheitstier, sagt der Volksmund. Und da ist sehr viel Wahres dran.

Nun bleibt aber die Frage, was kann man tun, damit im Falle eines Besuchs Gastgeber und Kinder auf einen Nenner kommen und damit einvernehmlich miteinander auskommen? Wenn es sich um einen kurzen Besuch handelt, wie etwa beim Kindergeburtstag oder einer kurzen Unterbringung, etwa wegen eines Arzttermins, reicht es aus, wenn das Kind vorher gut aufgeklärt wird über das, was es erwartet, wie lange es bleibt und wer es abholt.

Kleineren Kindern tut eine Ruhepause vor dem Besuch gut.

Ist es der erste Besuch bei anderen Leuten, sollte das Kind vorher gut und satt essen, trinken und zur Toilette gehen. Dann treten ein paar der möglichen Probleme erst gar nicht auf. Längere Besuche sollten immer nur nach einer gewissen Vorbereitung erfolgen.

Wenn Sie Ihr Kind zu Verwandten geben, weil Sie entbinden, verreisen oder zur Kur gehen, nützen Sie die Wochen davor, um Kind und Verwandte aufeinander vorzubereiten. So gibt es die wenigsten Probleme und auf beiden Seiten mitunter sogar den innigen Wunsch, das Besuchszeremoniell zu wiederholen.

- Machen Sie sich zunächst einmal Notizen darüber, wie der Tag Ihres Kindes verläuft. Wenn man mittendrin steckt, wenn alles quasi automatisiert ist, fällt das fast schwer. Wird Ihr Kind aber aus dem alltäglichen Regelkreis herausgenommen, vermisst es fast jede Kleinigkeit.
- Was isst Ihr Kind gern und womit darf man ihm ganz und gar nicht kommen?
- Was zieht es gerne an, worin fühlt es sich besonders wohl?
- Welche Gegenstände gehören dazu?
- Teddys, Puppen, Kassetten, Bilderbücher und aller Lieblingskram füllt bei Ihnen zu Hause Schubladen und Regale. So viel kann man dem Gastgeber sicher nicht zumuten. Packen Sie mit dem Kind zusammen die „aktuellen" Dinge in ein Köfferchen. Dann haben diese Kostbarkeiten in der Gastfamilie auch ein Obdach und sind für das Kind stets greifbar.
- Machen Sie einen oder mehrere Probebesuche, falls das möglich ist. Ansonsten tun's auch Fotos. Aber lassen Sie Ihr Kind auf keinen Fall unvorbereitet auf Besuchsreise gehen. Das könnte unnötige Probleme bringen.
- Besprechen Sie mit der gastgebenden Familie den bisherigen Alltag Ihres Kindes. Oft braucht ein Kind nur ein paar Tage lang das Gefühl, es sei hier alles wie zu Hause. Danach wird Ungewohntes sehr oft zur Attraktion und später sogar beibehalten.

So lernen Kinder „in der Fremde" oft neue Nahrungsmittel kennen, die sie vorher gar nicht wahrgenommen haben. Manches Kind vergisst sogar, den lieb gewonnenen Schnuller zu benutzen oder abends stundenlang Bedürfnisse anzumelden, so spannend wird, nach einer Phase der Sicherheit, nun plötzlich Neues wahrgenommen und genossen. Nach einem solchen Besuch kann es den Eltern nicht selten passieren, dass Ihr Kind nach der Rückkehr feststellt: Tante X kocht viel besser als du. Und Onkel Y hat den ganzen Tag mit mir gespielt.

Das muss zwar nicht unbedingt die pure Wahrheit sein. Aber Sie wissen ja: Früher war alles viel besser! In diesem Empfinden sind nicht nur Erwachsene Meister. Kinder können da extrem gut mithalten.

Unnütze Konkurrenzsituationen
Wenn Kinder vergleichen, übertreiben sie meist kräftig, denn Vergleichen hat mit Kritikfähigkeit zu tun. Kinder sind ungeübte Vergleicher! Legen Sie deshalb nicht jedes Wort Ihres Kindes auf die Goldwaage.

Wenn Tante X in seiner augenblicklichen Sicht der Dinge nun wirklich so viel besser kocht als Sie, dann nehmen Sie das gelassen hin. Fragen Sie allenfalls, ob es die Tante bald wieder besuchen möchte. Und versprechen Sie nicht nur einen neuerlichen Besuch, halten Sie das Versprechen auch! Ihr Kind wird davon profitieren. Nicht nur Reisen bildet, Besuche machen nicht minder klug.

Wenn Eltern andere Menschen, mit denen das Kind zu tun hat, als Konkurrenz empfinden, hat das schlimme Folgen für das Kind. Es wird daran gehindert, sich ein eigenes Urteil über andere Menschen und Situationen zu bilden, weil es fürchten muss, die Eltern zu verärgern. Das hemmt es in der Stabilisierung seines sozialen Verhaltens.

Nehmen wir einmal den denkbaren Fall, dass die Tante

wirklich besser kocht als die eigene Mutter. Wenn die Mutter das nicht ertragen kann, wird das Kind entweder darüber schweigen oder die Tatsache als Waffe einsetzen. Vermeidbar ist beides.

Was ist so schlimm daran, wenn ein Kind vergleicht und seinen Vergleich kund tut? Eine Konkurrenz ist dadurch nicht entstanden. Die Eltern sind ohne Konkurrenz. Und genauso konkurrenzlos sind die Gastgeber.

Und irgendwann wird Ihr Kind begreifen: Neues ist halt anders. Eine Erkenntnis, mit der es ganz zufrieden sein kann.

Reisen und Gasthäuser

Wenn Kinder mit vielen und meist fremden Menschen einvernehmlich auskommen müssen, stehen Eltern unter erheblichem Druck. Die heimischen Regeln und Strukturen sind außer Kraft gesetzt. Einen lustvollen Ersatz gibt es nicht. Was tun?

Zunächst einmal: Ruhe vor dem Sturm bewahren! Und dann die Frage: Ist diese Flug- oder Bahnreise oder der Besuch in diesem feinen Lokal zwingend notwendig oder verschiebbar auf einen Zeitpunkt, zu dem die Kinder „handlicher" sind?

Meine Kinder waren im ersten und zweiten Lebensjahr Weltmeister im Wohlverhalten auf Reisen und zu Besuch. Mit vollendetem zweiten und dritten Lebensjahr waren sie hingegen ungenießbar, sobald etwas keinen „Stallgeruch" hatte. Sie wollten ganz einfach mit keinem Schritt aus dem gewohnten Trott heraus. Das legte sich dann etwas mit vier und verschwand im fünften Lebensjahr gänzlich.

Ähnliche Erfahrungen machen andere Eltern ebenfalls. Wenn es für die Kinder zur Tortur wird, sich in der Eisenbahn, im Flugzeug oder einem Restaurant halbwegs sozialverträglich zu verhalten, dann darf man es sich und anderen nur im Notfall zumuten. Ein Babysitter spart Eltern und Kindern Nerven und dem Gastwirt nobles Geschirr, wenn Kinder noch nicht „ausgehreif" sind. Mit ständigen Neins und Ermahnungen macht man sich das Leben nur unnötig schwer.

Längere Reisestrecken per Bahn oder Flugzeug, wenn es denn unumgänglich ist, tritt man mit kleineren Kindern am besten abends an. Wem die Augen zufallen, wird vom Ungewohnten weniger berührt als jemand, der hellwach in den Tag marschiert. Ein paar gewohnte Dinge braucht das Kind beim Aufwachen aber selbst dann, wenn es im Arm von Vater oder Mutter geschlafen hat.

Für Reisen gilt, was auch für Besuche gilt: Das Kind aufklären und mit ihm durchsprechen, was auf es zukommt.

Und für die Eltern gilt: Ob Eisenbahn, Flugzeug oder Gasthaus, es gibt immer und überall Leute, die an Kindern etwas auszusetzen haben. Weggucken, weghören, fröhlich sein! Ein anderes Mittel ist bislang noch nicht auf dem Markt ...

Eine gute Gewöhnung an das Leben als Gast in Gasthäusern zwischen null und fünf Sternen ist der Besuch eines Biergartens oder Cafés im Freien. Wenn Sie von zu Hause Becher und Teller Ihres Kindes mitbringen, und das Kind sich dann von Ihrem Essen aussuchen darf, was es probieren möchte, sitzen Sie am Ende nicht vor vollen Tellern und Gläsern. Wenn Kinder etwas bestellen, haben sie meist keine Vorstellung von dem, was da auf sie zukommt! Vor allem die Menge kann zum Problem werden. Im Freien hat Ihr Kind zudem die Möglichkeit, herumzulaufen und Kontakt zu anderen Kindern aufzunehmen. So wird es nicht von Langeweile geplagt und Sie können Ihre Nerven schonen.

Sich gut benehmen, sodass andere Gäste bewundernd herüberschauen, gelingt Kindern meist erst im Grundschulalter. Ihr Bewegungsdrang ist dann besser unter Kontrolle zu halten, Messer und Gabel werden einigermaßen sicher gehandhabt und es macht den Kindern fast schon Spaß, den Erwachsenen zuzuhören. Doch viel mehr als eine Stunde sollte man ihnen auch jetzt noch nicht abverlangen. Wer einen langen und ungestörten Abend in einem Gasthaus, in dem Kinder zu gutem Benehmen verdonnert sind, verbringen möchte, der muss auf die gute alte Tradition des Babysitters zurückgreifen.

Durch Rollenspiele lernen
Spielerisch kommen Sie dem Thema „auswärts essen" eher näher als durch alle Ge- und Verbote. Decken Sie gelegentlich mal den Tisch wie im Gasthaus. Halten Sie sogar eine Speisekarte bereit (in Form einer Lebensmittelreklame). Und dann geht es ganz förmlich zu, wie im richtigen Leben. Wenn Sie ein wenig übertreiben, macht das den Kindern riesigen Spaß. „Hat der Herr schon gewählt?" Sie werden sehen, wie Ihr Fünfjähriger zum Gentleman aufläuft und Manieren von der allerfeinsten Sorte zeigt.

Tauschen Sie die Rollen. Wenn Sie selbst Gast sind, machen Sie ruhig mal einen Kleckser auf die Decke oder verursachen Sie sonst ein Missgeschick. Ihr Kind, der Nobelkellner, soll sehen, wie er mit seinen Gästen klarkommt. Aber bürden Sie ihm nicht zu viel auf. Kellner sein ist kein allzu leichter Job.

„Das ist bei uns so Sitte!"

Es gehört schon ein wenig Selbstbewusstsein dazu, die eigenen Grundsätze oder erprobten Lebensweisen gegen andere zu verteidigen. Zu schnell gerät man in den Verdacht, der Zeit hinterher zu hinken oder ein bisschen altmodisch zu sein. Wenn die Kinder größer werden, tun wir uns immer schwerer, ihnen ein Stopp-Schild zu zeigen oder sie in ihre Grenzen zu weisen. Wir vergessen dabei, dass solche Grenzen auch Halt und die so notwendige Orientierung bedeuten. Der Schule wird dann angelastet, was die Familie versäumt hat. Das muss nicht sein. Früh übt sich, was die Pubertät überdauern soll. Was Hänschen zu Hause lernt, ist Rüstzeug für ein kompetentes Erwachsenenleben.

Ein etwas altmodischer Begriff

Erinnern Sie sich? Diesen Satz hatten unsere Großmütter und Tanten parat, so oft etwas ihrem Geschmack zuwider lief: „Das ist bei uns so Sitte!" Dies betraf alle Bereiche des Lebens, ob es sich um den sonntäglichen Kirchgang handelte oder den fleischlosen Freitag, um das Kuchenbacken am Samstag oder das Wäschewaschen am Montag.

„Das ist bei uns so Sitte!", hatte viel mit Regeln und Ritualen, mit Bräuchen, Traditionen und Gewohnheiten zu tun, die dem Tag und der Woche, eigentlich dem gesamten Leben – von der Geburt bis zum Tod –, Orientierung und Struktur gaben.

Bei meiner Großmutter war es Sitte, mit dem Hereinkommen die Schuhe auszuziehen und so genannte „Schlappen" anzuziehen. Wir Kinder hatten zu Hause Hunde und Katzen und andere Kleintiere, die nichts lieber taten, als sich gründlich in unserer Diele umzusehen. Es wäre zwecklos gewesen, sie alle mit Hausschuhen versorgen zu wollen. Aber wir begriffen schnell, dass es bei der Großmutter Sitte war, den Boden zu schonen.

Heutige Kinder tun sich schwer anzuerkennen, dass andere Menschen anders leben als sie selbst. Und die Erwachsenen sind ziemlich ratlos, wenn es darum geht, den Kindern Grenzen aufzuzeigen oder schlichtweg zu sagen: „Das ist bei uns so Sitte!"

Das Elend mit dem Jugendkult

Ich kenne Familien, in denen die Kinder den Erwachsenen ihren Lebensstil aufzwingen und die Erwachsenen willenlos mitmachen, um möglichst „cool" zu erscheinen, obwohl sie das ganze keineswegs „geil" finden. Das beginnt schon mit der Sprache.

Erwachsene übernehmen die Signalwörter der Heranwachsenden, um zu zeigen, dass sie mithalten können. Sie zwängen sich sogar in die Modeartikel der unter Zwanzigjährigen, um nicht als die Generation von gestern enttarnt zu werden. Aber was ist so Schlimmes daran, zehn, zwanzig oder dreißig Jahre älter zu sein als die gegenwärtig Heranwachsenden? Wenn wir Älteren beklagen, dass ein rigoroser Jugendkult alle anderen Altersgruppen an den Rand drängt, dann müssen wir eingestehen, dass wir uns das selbst eingebrockt haben. In panischer Angst, nicht mehr jugendlich oder jugendlich genug zu sein, verleugnen wir die eigene Generation und biedern uns bei der Jugend an: sei es durch Sprache, Mode, Auftreten oder kumpelhaftes Verhalten und wahlloses Duzen.

Zu allen Zeiten hat die Jugend versucht, sich von den Erwachsenen deutlich abzugrenzen. Ein ganz normaler Vorgang. Zu allen Zeiten waren an dieser Abgrenzung dieselben Mechanismen beteiligt: eine eigene Sprache, eigene Mode, besondere Frisuren und höchst besondere Verhaltensweisen.

Zu keiner Zeit aber haben die Erwachsenen so wie heute geglaubt, in den Jugenkult „zurückfallen" zu müssen wie ein Kind, das längst laufen kann, aber wieder zu krabbeln beginnt, nur weil es andere krabbeln sieht.

Lassen wir doch der Jugend ihre Jugend und wagen wir es ganz gelassen, das zu verteidigen, was uns am Herzen liegt: Eine Familie, in der man gut und gerne leben kann! Und in einer solchen Familie ist es an der Tagesordnung, dass Vater oder Mutter sich im Falle eines Falles zu sagen getrauen: Das ist bei uns so Sitte!

Gemeinsam am Familientisch

Es gehört mittlerweile zum guten Ton, den Verfall der Familie zu beklagen. Aber Familien lösen sich nicht zwangsläufig auf, sondern deshalb, weil es mühsam ist, sich mit aller Vernunft auf eine

Familienkultur einzulassen. Familie ist kein romantisches Gebilde, in dem Harmonie und Frieden quasi von selbst gedeihen.

Familie ist dann schon eher der Ort, an dem Disharmonie und Unfrieden genauso prächtig gedeihen wie anderen Orts, wo man aber intensiver und effektiver an Lösungen arbeitet. Dies etwa könnte man als Familienkultur bezeichnen. Ihr Fundament ist gegenseitiges Vertrauen, das starke Gefühl: Auf jeden Einzelnen ist Verlass!

Um Kinder in solch einem Klima aufwachsen zu lassen, muss man, so seltsam das klingen mag, Familie üben. In einer Familie gibt es viele Ichs, aber nur ein Wir. Und dieses Wir-Gefühl ist es, das den Einzelnen stärkt:

- Wir können das. Wir schaffen das. Wir stehen das durch.
- Wir überlegen und probieren gemeinsam aus, welche Lösung die richtige ist.
- Wir holen notfalls fremden Rat ein.

Eine starke Familie erkennt man daran, ob sie „durchlässig" ist. Wer isoliert im eigenen Saft schmort, entwickelt oft die Tendenz, sich gegen den Rest der Welt abzuschirmen nach dem Motto: Wir nehmen nichts. Wir geben aber auch nichts.

„Durchlässige" Familien verkraften alle Art von Gästen, ja, sie profitieren sogar von ihnen. Familie wird von Kindern dann als stark und nicht als einengend empfunden, wenn dort auch Raum ist für Freunde und Verwandte. Ich gebe zu, dass dies zuweilen zur echten Raumfrage wird. Ich kenne allerdings auch manche Familie, die genügend Raum hat, ohne je familienfernen Kindern oder Erwachsenen wirklich „Raum zu geben".

Woran liegt das?

Es liegt, meines Erachtens, an der falschen Vorstellung von Familie als einem höchst intimen Ort, an dem man am liebsten zum Mittagessen die Rollläden herunterlassen möchte. Familie ist aber weit mehr als ein romantisches Reservat.

Familie ist: Lernort für Kinder

Ein großer Teil des kindlichen Lernens kommt durch Nachahmung zustande. Man darf aber nicht unterschätzen, welch hohen Anteil das gesprochene Wort an der Entwicklung der kindlichen Persönlichkeit hat. Am gesprochenen Wort überprüfen Kinder die Verlässlichkeit der Erwachsenen. Handeln und Reden müssen übereinstimmen. Nur so werden Erwachsene glaubwürdig und somit zum positiven Vorbild.

Wenn beide Eltern berufstätig sind, bleibt oft wenig Zeit für Gespräche mit den Kindern. Da muss so viel organisiert, besorgt und getan werden, dass von einem geplanten Gespräch nur noch ein paar karge Kommandos übrig bleiben. Ich spreche aus Erfahrung, wenn ich sage, dass sich dagegen etwas tun lässt.

Wenn der feste Wille aller Beteiligten besteht, lässt sich die Familie einmal am Tag gemeinsam an den Tisch bringen. Es ist

eine Frage der Organisation und Abstimmung, ob es gelingt oder nicht. Später werden Ihre Kinder anerkennend sagen: Das war bei uns so Sitte! Was ist gemeint?

Ich meine, es sollte einer Familie, egal wie groß die Mitgliederzahl ist, einmal am Tag gelingen, gemeinsam eine Mahlzeit einzunehmen und danach miteinander zu reden, zu erzählen und zu fragen. Auf eine solche tägliche gemeinsame Runde am Familientisch muss ein Kind sich verlassen können wie auf das Vorlesen oder den Gutenachtkuss am Abend oder das Zähneputzen am Morgen.

Und auch wenn solch eine Familienrunde täglich neu geplant und erkämpft werden muss, es lohnt sich, sie einzuführen und am Leben zu erhalten. Es gibt zu denken, dass Talkshows immense Einschaltquoten aufweisen. Warum? Weil in uns allen die Sehnsucht steckt, ganz gemütlich und ganz „normal" mit anderen am Tisch zu sitzen und zu reden oder zuzuhören. Das mögen sogar schon die Allerkleinsten. Es macht sie wichtig, wenn sie dabei sein dürfen.

Gemeinsam am Familientisch sollte immer bedeuten, dass hier zur Sprache kommt, was alle angeht, ob es sich um Kindergarten oder Schule, Geld oder Nachbarn, Urlaub oder Wochenende, Wünsche oder Nöte handelt.

Straffällige Jugendliche und solche, die sich betont antisozial verhalten, geben fast übereinstimmend an, dass ihnen familiale Gemeinsamkeiten fremd sind. Oft haben sie sich Gruppen oder Cliquen gesucht, die es ihnen ermöglichen

- dabei zu sein,
- mitzureden,
- eine gemeinsame Überzeugung zu besitzen und notfalls zu verteidigen,
- eine wichtige Rolle zu spielen,
- Autorität zu erfahren,
- gemeinsam zu feiern.

Dies alles sind ganz normale Wünsche und Sehnsüchte aller Kinder und Heranwachsenden. Wenn die Familie sich ihrer nicht annimmt, kann man damit rechnen, dass Sekten oder andere radikale Gruppierungen die Hand nach ihnen ausstrecken. Die Familie ist nicht tot. Sie sollte sich aber zunehmend stärker darauf besinnen, was Kindern und Jugendlichen heute nottut.

Ordnung ist kein Schimpfwort

Ordnung um der Ordnung willen hat bislang noch jede Kindergeneration verschreckt. Wer ständig über Ordnung redet, macht sich missliebig. Ordnung wird durch Reden zum Phantom oder zur Karikatur.

Jedenfalls lässt sich penetrantes Ordnungsgerede nicht wirklich ernst nehmen.

Über folgenden Satz lässt sich indessen kreativ nachdenken, wenn man ihn auch nicht beständig auf den Lippen tragen muss: Es ist bei uns so Sitte, dass die Dinge des täglichen Lebens einen Platz haben, der mit allen Familienmitgliedern fest vereinbart ist.

Leben die Erwachsenen das konsequent vor, begreifen die Kinder ohne weiteres, dass dies ein sinnvolles Verhalten ist. Es bannt Konflikte und verhindert Streit.

Was ist nun aber mit der Ordnung im Kinderzimmer? Wenn es bei Ihnen Sitte ist, dass es sich bei den Kinderzimmern um das alleinige und ungeteilte Reich der Kinder handelt, dann müssen die Kinder regeln, was sie für Ordnung oder analog für Unordnung halten. Teilen sich zwei Kinder ein Zimmer, gilt abgewandelt obiger Satz: Die Dinge des Lebens brauchen einen Platz, mit dem jedes Kind einverstanden ist. Notfalls kann man das Kinderzimmer ja auch in zwei Hälften teilen. Hinter der imaginären Grenze kann dann jedes Kind sich so einrichten, wie es das augenblicklich für sinnvoll hält. Aber Hand aufs Herz: Haben es Sammler, Tüftler und Bastler nicht ungleich schwerer als solche Kinder, die mit einem Buch in der Hand Stunden, ja ganze Tage verbringen?

Ordnung wird dann zum Schimpfwort, wenn Erwachsene glauben, sie könnten von außen, also von ihrer Warte aus, Ordnung in ein Kinderzimmer implantieren, das sie gar nicht selbst bewohnen.

Räume, die von allen benützt werden, also Küche, Bad, Wohnzimmer, Flur, Diele oder Balkon, kommen ohne ein Gesamtkonzept familiärer Ordnung gar nicht aus. Mag das Kinderzimmer des passionierten Sammlers aus allen Nähten platzen und die Güter bis zur Zimmerdecke anwachsen, Räume, die allen gehören, sollten quasi „neutraler" Boden sein. Getrauen Sie sich, genauso wie einstmals unsere Großmütter, ganz unerschrocken zu sagen: Das ist bei uns so Sitte!

Tun Sie es nicht, zehrt bald das Chaos an Ihren Nerven. Wenn Sie dann „Ordnung" verlangen, ernten Sie nur verdutzte Blicke. Denn es geht ja nicht wirklich um Ordnung oder Aufräumen, sondern letztendlich darum, dass sich in einem Haus oder in einer Wohnung alle wohl fühlen. Und dazu gehört, dass nicht jeder jedem seinen Kruscht und Krempel vor die Füße stellen kann.

Ob Sie eine berufstätige Mutter sind oder weitestgehend zu Hause, die Sklavin der Familie sind Sie nicht. Nennen Sie es Ordnung oder erfinden Sie einen anderen, liebenswerteren Begriff dafür, aber sehen Sie zu, dass bei Ihnen die Sitte herrscht, die allen gut bekommt.

Wäsche, Einkaufen, Saubermachen – wie regeln Sie das? Ist das alles Ihre ureigenste Angelegenheit? Oder könnte es Sitte sein oder werden, dass Mann und Kinder daran ihren Anteil bekommen? Eine Zeit lang kreiste in allen Medien die Rede vom „Hotel Mama", das den Kindern den Aufenthalt so angenehm macht, dass sie darüber vergessen, sich ein eigenes Leben aufzubauen. Im „Hotel Mama" lebt man wie in einem richtigen Hotel:

- Das Essen kommt von ganz allein auf den Tisch.
- Die Wäsche wird gewaschen, geflickt und gebügelt.
- Das Bett überziehen unsichtbare Geister.
- Man darf kommen und gehen ohne Absprache.
- Das Auto der Eltern steht rund um die Uhr zur Verfügung.
- Vom eigenen Verdienst, und das versteht sich doch von selbst!, muss man keinen Pfennig abgeben.

Ein Leben wie im Schlaraffenland! Dass die Mütter den Preis dafür bezahlen, fällt kaum auf. Ich frage mich indessen, wie kompetent, wie fit machen wir Heranwachsende für ein eigenes, verantwortungsvolles Leben, wenn wir ihnen vorgaukeln, die schönen Jahre im „Hotel Mama" seien gänzlich kostenlos? Vermitteln wir ihnen dadurch etwas von dem viel zitierten Begriff Familienkultur? Oder lassen wir sie stillschweigend zu satten Egoisten auflaufen, die allenfalls noch, wenn sie denn je eine eigene Familie haben werden, die Rolle des Machos übernehmen können?

Früh übt sich ...

Wie alt sind Ihre Kinder jetzt? Laufen Sie Ihnen noch auf Schritt und Tritt nach und wollen Besen und Schaufel, Lappen und Bürste, Möhre und Messer genauso handhaben wie Sie? Oder gehen die Kinder zur Schule, zum Reiten, zum Fußballspielen und vermitteln Ihnen den Eindruck, als seien sie völlig ausgelastet, wenn nicht schon überlastet?

Egal, wie alt Ihre Kinder gerade sind, es ist an der Zeit, auf ihren Lehrplan ganz oben das Fach „Lebenskunde" zu setzen. Und das heißt im Klartext: Ein Familienhaushalt läuft nicht von allein! Nicht auf Kosten eines Einzelnen. Nicht auf Kosten der Mutter. Und das heißt ganz eindeutig: Bei uns ist es so Sitte, dass jeder sich im Rahmen seiner Zeit und seiner Kräfte daran beteiligt.

Mir sind schon Mütter begegnet, die waren fix und alle und völlig mit den Nerven am Ende, weil sie das „Hotel Mama" unbedingt zum Fünf-Sterne-Hotel ausbauen wollten, vor lauter Migräne, Nackenschmerzen und Schlafstörungen aber schier bewegungslos dem Verfall ihrer Träume zusehen mussten.

Wer immer ein solches gigantisches Wohlfühl-Hotel betreibt, übt Macht aus. Mit der „durchlässigen" Familienstruktur hat das nicht das Geringste zu tun. Alle Fäden liegen in einer Hand. Und wem diese Hand gehört, der hat die Macht. Im „Hotel Mama" lernen Kinder und Heranwachsende das falsche, etwas, das ihnen im Leben nicht nützt, sondern schadet, das ihre sozialen Fähigkeiten zugunsten von Machogehabe verkümmern lässt.

Schluss mit der Hotel-Mentalität!

Der Lernort Familie muss Kinder auch befähigen, zu lernen, wie man ein Fenster putzt, eine Gemüsesuppe kocht, einen sinnvollen Einkaufszettel schreibt, im Laden Preise vergleicht, mit einem bestimmten Geldbetrag auskommt, Wäsche sortiert und die Waschmaschine füllt.

Früh übt sich, wer keine Hotelgast-Mentalität entwickeln will! Aus eigener Erfahrung weiß ich, dass es oft schwieriger und zeitraubender ist, Kinder an sinnvolle Mitbeteiligung heranzuführen, als selbst die Initiative zu ergreifen. Trotzdem. Auf lange Sicht, und darum geht es ja, ist Kindern und Eltern oder der Mutter besser gedient, wenn die Last des Haushalts gerecht auf kleine, mittlere und große Schultern verteilt ist.

Wie man das erreicht?

Gewiss nicht durch Vorträge und Predigten, am allerwenigsten durch Strafen. Benützen Sie die tägliche Runde am Familientisch, um deutlich zu machen, dass Sie Entlastung und Mithilfe brauchen. Und dass Sie da nicht nachgeben, sondern darauf bestehen. Am Tag darauf kommt dann zur Sprache, ob die Arbeitsverteilung sinnvoll war oder noch besser geht, ob man Aufträge tauschen oder ausbauen kann. Wer seine Mithilfe vergisst, der holt sie nach.

Nur im „Hotel Mama" verrichten die Heinzelmännchen willig und klaglos, was der Gast verschlampt hat. Im richtigen Leben, in Ihrer Familie, muss jeder selbst zusehen, wie er die ihm übertragenen Aufgaben einvernehmlich löst.

Wenn Ihre Kinder einmal selbst Familien haben, und mit der ganzen Last konfrontiert sind, die das bedeutet, werden sie sich mit Sicherheit daran erinnern, dass es da eine Lösung des Problems gibt. Wie hat meine Mutter immer gesagt? Jeder fasst mit an, das ist bei uns so Sitte.

Die gute alte Tradition

Im Augenblick sieht es so aus, als seien uns unsere Kinder haushoch überlegen. Sie bedienen sich der modernen Medien, als hätten sie nie etwas anderes getan. Zweifel sind ihnen fremd. Über zukünftige Entwicklungen machen sie sich keine Gedanken.
Wir, die Eltern, gelten da eher als lebensfremde Bedenkenträger. Besonders dann, wenn wir uns um die Wurzeln und den Boden bemühen, die wir – aus langer Erfahrung – für die Grundlagen menschlichen Zusammenlebens halten. Es geht um jene Werte und Lebenshilfen, die in der Tradition verankert sind und von denen wir nicht möchten, dass unsere Kinder sie unbesehen über Bord werfen.

Tradition – ein Begriff fürs Museum?

Man muss es sich auf der Zunge zergehen lassen: gute alte Tradition! Ist es nicht die pure Nostalgie, heute noch von guter alter oder überhaupt noch von Tradition zu reden? Da gehören doch wohl eher die Begriffe Tradition und Museum zusammen: nicht als Gesprächsstoff, sondern als Wochenendziel für Familien mit Kindern zu verbilligten Eintrittspreisen.

Um einmal auszuloten, was Tradition in der heutigen Zeit noch bedeuten könnte, müsste man einen Blick rückwärts wagen. Traditionen haben ihren Ursprung wesentlich in drei großen menschlichen Lebensbereichen:
- Heimat
- Religion
- Jahreszeiten

Die Jahreszeiten, die ja immer auch menschliche Lebenszeiten sind, haben von jeher dem Menschen viel Kopfzerbrechen gemacht. Vorsorge für erntelose Jahreszeiten zu treffen, war noch um die Jahrhundertwende ein echtes Problem. Im Zeitalter der Kühltruhen und Kühlschränke, der Gläser und Dosen zu Spottpreisen, kommt uns das fast mittelalterlich vor.

Aber man muss nur einmal aufs Land hinausfahren und mit den Leuten reden, die bis in unsere moderne Zeit hinein auf Gedeih und Verderb mit den Jahreszeiten verbunden sind und abhängig von ihnen wie eh und je. Dort hat der Regen ein anderes Gewicht; der Frost kann Blüten vernichten; der Wind knickt Rohr und Halm; der frühe und der verspätete Schnee bringen die Ernte- und die Aussaatzeiten aus dem Lot.

Kein Wunder, dass zu allen Zeiten der Mensch versucht hat, die Natur für die menschlichen Belange günstig zu stimmen. Damit der Winter auch ja begreift, dass nun der Bauer das Frühjahr zur Aussaat und zum Gedeihen der Frucht braucht, wird der

Winter noch heute in vielen Gegenden in Form einer Strohpuppe verbrannt. Ist die Ernte eingebracht, findet der Erntedank statt. Traditionell werden im Herbst Märkte abgehalten – bis hin zum Weihnachtsmarkt. Das diente früher der Vorratshaltung.

Heidnische Bräuche und christliche Traditionen
Und damit sind wir bei dem, was die Religion den oft heidnischen Bräuchen und Traditionen hinzugefügt hat. Die Wintersonnenwende ist der Beginn eines neuen Sonnenjahres. Voller Zuversicht beschenkten sich die Menschen an diesem Tag, um die Götter gnädig zu stimmen. Der Sonnengott Mithras wurde von den Römern hoch verehrt. Wohin sie auch kamen, am 25. Dezember feierten sie seinen Geburtstag.

Zu Zeiten von Wärme und elektrischem Licht auf Abruf können wir uns nur noch schwer vorstellen, wie sehr die Menschen die dunkle Jahreszeit fürchteten und das neue Sonnenjahr herbeisehnten. Nach alter christlicher Tradition trifft auf frühere heidnische Lichtfeste Jesu Geburt als die Ankunft des Lichtes schlechthin. Wir wissen nicht, wann Jesus geboren wurde, aber wir feiern traditionell seinen Geburtstag am 25. Dezember eines jeden Jahres. Und das seit über tausend Jahren. In den Zeiten davor war Jesu Geburtstag lange kein Thema.

Christliche Traditionen haben sich sehr oft mit heidnischen verschwistert. Die heidnischen Traditionen waren als Gefäße bereits lange vorhanden, als das Christentum Einzug hielt und die alten Gefäße mit neuen Inhalten füllte. Heute scheinen sich die christlichen Inhalte wieder zu verflüchtigen, während die Traditionen in ihrer alten Substanz unbewusst weiterleben.

Eine Grundschullehrerin befragte ihre Zweitklässler, warum am 25. Dezember Weihnachten ist. Zwei Kinder von dreißig wussten, dass da Jesu Geburtstag gefeiert wird. Alle anderen glaubten, dass an Weihnachten lediglich Heilig Abend – also Bescherung – gefeiert wird. Ein Kind drückte es so aus: Da bleibt der Papa zu Hause, weil er so viel geschenkt bekommen hat und weil es so gutes Essen gibt.

In unterschiedlichen Gegenden haben sich Traditionen heidnischer und christlicher Herkunft unterschiedlich intensiv gehalten. Kleinere Dorfgemeinschaften mit begrenztem Grund und Boden schlossen sich oft eng zusammen, um so besser Räuber und andere Eindringlinge abwehren zu können. Sie zogen sich gleich an und sprachen gleich; damit unterschieden sie sich von Fremden und stärkten gleichzeitig den inneren Zusammenhalt. Noch heute gibt es Traditionen, die eng mit der jeweiligen Heimat verbunden sind. Sie lassen sich kaum in andere Gegenden verpflanzen, wie etwa die Dialekte, die immer und überall Heimatsprachen sind oder einheimische Trachten und Umzüge.

Ob Schützenfest, Kirmes, Seefest oder Weinfest, die Tradition solcher Höhepunkte im Jahreskreis fußt auf festem Heimatboden. Man kann heute als Tourist zwar daran teilnehmen, aber zum engeren Kreis der Eingeweihten gehört man deshalb noch lange nicht.

Heimat, Religion und Jahreszeiten im Kinderleben
Auch wenn man es möchte, das Rad der Geschichte kann niemand rückwärts drehen. Was fangen wir also an mit den Traditionen, die ihre Wurzeln in den drei Lebenswirklichkeiten von Heimat, Religion und Jahreszeiten haben?

Ich meine, wir tun den Kindern einen großen Gefallen, wenn wir zumindest versuchen, ihnen solche Inhalte zu vermitteln, die ihnen helfen, ihre Kultur besser zu verstehen und sich in ihr wohl zu fühlen.

Kinder und Heimat

Unsere Kinder sind heute Weltmeister im verreisen. Sie kennen fremde Länder, fremde Städte, fremde Gerichte besser als unsere

Großeltern aus den Reiseführern ihrer Zeit. Sie waren schon da und wissen Bescheid.

Fragt man diese Kinder indessen nach ihrer Stadt, ihrem Dorf, ihrem Wald oder Bach in der Nähe, müssen sie passen. Die große Zeit der Erkundung findet im Urlaub statt. Heimische Traditionen haben da kaum eine Chance.

Nun wird aber niemand zum souveränen Weltbürger, der zu seinen Wurzeln keinen Bezug hat. Der Mensch will und muss sich mit seiner höchst persönlichen Geschichte auseinander setzen. Und die beginnt in der Regel am Ort der Geburt, am Ort der Eltern, am Ort der Kindheit.

Auch wenn der Vater noch so oft versetzt wird, wenn Heimat heute im Süden und morgen schon im Norden der Republik liegt, es lohnt sich, den Ort, an dem man lebt, zum eigenen Ort zu machen.

- Von welchen Traditionen lebt dieser Ort?
- Wann sind sie entstanden und was mag der Grund sein, dass sie bis heute fortbestehen?
- Viele Traditionen werden heute wieder entdeckt und neu belebt. Was veranlasst Menschen dazu?
- Was ist das Heimattypische an den Traditionen des Ortes, an dem ich lebe?
- Wie hat sich hier der Dialekt entwickelt und welche typischen Redewendungen gibt es nur hier in dieser Gegend, an diesem Ort?
- Wie hat die Landschaft den Menschenschlag geprägt, der hier ansässig ist?
- Welche Bauweise wurde hier bevorzugt, aus welchem Grund?
- Welche Geschichte hat dieser Ort, wann entstand er?
- Wo stehen seine ältesten Bauten?

Hat man Kinder erst einmal für den Ort begeistert, der gerade ihre Heimat ist, so kennt ihre Neugierde bald keine Grenzen mehr. Wir wollen ja nicht wurzellose Kinder großziehen, sondern begeisterte Europäer, die sich im Klaren darüber sind, welchen Wert der Ort, seine Landschaft, seine Kultur und Tradition darstellen. Erst dann vermag man auch die Werte anderer zu schätzen, wenn einem der eigene Wert so recht bewusst ist. So und nur so wird es uns gelingen, ein vereintes Europa der Vaterländer zu praktizieren und auf Dauer zu festigen.

Kinder und Religion

Auf der Suche nach den Wurzeln heimischer Traditionen wird man immer auch solche mit religiösen Inhalten finden. Kaum ein öffentlicher Feiertag ist ohne christliche Prägung. Und ein katholisches Bundesland in Deutschland hat mehr Feiertage als ein protestantisches. Wir nutzen die Feiertage zum Ausruhen oder für Ausflüge. Nach ihrer Entstehung fragen wir nicht.

Nun haben Kinder aber ein Recht darauf, mit den Traditionen ihrer Heimat in Kontakt zu kommen und zu erfahren, wie sie entstanden sind. Kultur findet nicht im luftleeren Raum statt, sie hat vielmehr ihre Wurzeln in ihren Traditionen. Religiöse Traditionen begleiten den Menschen von der Geburt bis zum Tod.

Der Mensch bekommt in der Regel nicht einfach einen Namen auf dem Standesamt, sondern die Eltern wählen eine Kirche aus, in der das Kind feierlich getauft wird. Erstkommunion und Konfirmation stehen in einer langen Tradition. Diese Tradition wird je nach Landstrich ausgiebig gefeiert. Hochzeiten und Beerdigungen auf dem Dorf sind bis heute Ereignisse, denen sich kaum einer entzieht.

Wenn wir für unsere Kinder entscheiden, dass sie ohne eine bestimmte Religion aufwachsen sollen, dann sollten wir wenigstens so fair sein, sie nicht von Traditionen auszuschließen. Lassen Sie Ihr Kind ruhig einmal bei einer Flurprozession mitlaufen oder bei einer feierlichen Taufe zusehen, auch wenn Sie selbst nichts von Religion halten. Sie gestatten ihm ja auch, Weihnachten, Ostern und Pfingsten zu feiern, obwohl das Feste religiösen Ursprungs sind. Ich bin oft gefragt worden, ob Religion für Kinder schädlich ist. Ich finde Religion dann schädlich, wenn sie Kinder in ein Korsett zwängt, das sie an ihrer Entfaltung, ja, oft sogar am freien Durchatmen hindert. Ich finde Religion gut für Kinder, wenn Sie die Kinder als Kinder ernst nimmt und behutsam mit ihnen umgeht, ohne sie je für ihre Zwecke einzuspannen.

Religiöse Traditionen oder religiöse Feiertage sollten Kindern erklärt werden, ob die Eltern atheistisch, katholisch oder protestantisch sind. Und Sie sollten den Kindern die Chance geben, an solchen Traditionen teilzunehmen, wenn sie das möchten.

Zweitausend Jahre prägt hierzulande das Christentum unser Denken, unsere Kultur, unsere Traditionen. Mit Kindern darüber zu reden, sollte kein Tabu sein.

Kinder und Jahreszeiten

Wie sehr unseren Kindern der Boden der Tradition unter den Füßen wegschmilzt, lässt sich an der Tradition der vier Jahreszeiten festmachen. Heutige Kinder können kaum noch unterscheiden, in welcher Jahreszeit sie leben. Ich will das einmal verdeutlichen, indem ich ein Kinderjahr um die Jahrhundertwende schildere:

Weihnachten war der Höhepunkt des Jahres. Ihm voraus ging die Adventszeit als Vorbereitung auf diesen Höhepunkt. Die Adventszeit war Fastenzeit. Es wurden Lieder gelernt, vorgelesen, gebastelt und gebacken. Zu kaufen gab es wenig, zudem war das Geld knapp. Vielen Familien reichte es weder für Süßigkeiten, noch für einen Tannenbaum oder Geschenke.

Heiligabend ging die Familie zur Kirche. Die Kinder durften die Krippe bestaunen. Nur reiche Kinder besaßen eine eigene Krippe zu Hause. Am Weihnachtsmorgen erhielten die Kinder Äpfel, Nüsse, Lebkuchen und ein paar Kleinigkeiten wie Socken, Schals oder Handschuhe. Kaufläden, Puppenstuben oder Pferdeställe gehörten meist allen Buben oder allen Mädchen gemeinsam. Zu Weihnachten gab es ein oder zwei Teile dazu.

Gespielt wurde behutsam. Und an Mariä Lichtmess verschwanden alle Herrlichkeiten auf einen Schlag wieder. Dann packten die Kinder Schlitten und Schlittschuhe und spielten sozusagen mit dem Winter. Wenn das Frühjahr kam, mussten sie mit anpacken, sei es auf dem Acker, im Garten oder bei der Kleintierhaltung. Spielen geriet zur Nebensache.

Ostern war der zweite Höhepunkt des Jahres. Eine sechswöchige Fastenzeit ging dem Fest voraus. Fasten war auch Kindersache. Die Glocken schwiegen. Sie flogen vor Ostern für drei Tage nach Rom. In der Osternacht wurde ein Feuer entzündet, bevor die zurückgekehrten Glocken die Auferstehung Christi verkündeten. Die Kirche stand im Mittelpunkt des Geschehens. Geschenke gab es nicht.

Auf den Tisch kam, was die Vorratshaltung möglich machte: Kartoffeln, Hülsenfrüchte, Getreide und Dörrobst. Fleisch war höchst selten. Obst und Gemüse brachte der eigene Garten je nach Jahreszeit. Zum Kaufen reichte das Geld nur wenigen.

Im Sommer gingen die Kinder schwimmen oder spielten in Feld und Flur, sofern ihre Mithilfe nicht bei den jeweiligen Ernten gefragt war. Sie hatten Teil an allen Traditionen und Festen wie die Erwachsenen auch. Ein eigenes Bett war nur wenigen vergönnt. Der Tag endete mit der natürlichen Dunkelheit und begann mit dem Licht der Sonne. Blieb Zeit zum Spielen, waren Straße oder Dorfplatz die bevorzugten Spielplätze.

Auch wenn diese Schilderung keineswegs vollständig ist, so macht sie doch eines deutlich: Frühere Kinder lebten in und mit den Jahreszeiten und allen Traditionen, die daraus erwachsen sind.

Nehmen Sie einmal das Weihnachtsfest heutiger Kinder. Ende Oktober, mag er noch so golden sein, beginnt für sie bereits die Einstimmung auf Weihnachten, ob sie es nun wollen oder nicht. Da werden Produkte angeboten, die unbedingt zum Weihnachtsfest gehören. Unsere Kinder gehen davon aus, dass sich das so gehört und dass man arm ist, wenn man es nicht bekommt. Je länger die Zeit des Einhämmerns, desto unverrückbarer der Wunsch und der Glaube an die Wunscherfüllung.

So ist Weihnachten über die Jahre hinweg zur immer intensiveren Wunschfalle für Eltern und Kinder geworden. Auf dem Weihnachtsteller finden unsere Kinder genau das vor, was sie das ganze Jahr auch bekommen. Und zu den Mahlzeiten erhalten sie das, was es ebenfalls ganzjährig gibt.

Die dunkelste aller Jahreszeiten ist für die Kinder in der Stadt fast so hell wie der Sommer. Vor Weihnachten geben sich die Städte da sogar ganz besondere Mühe.

Überall und zu jeder Zeit kann man Blumen kaufen. Früher hatte, vom Schneeglöckchen bis zur Aster, jede Blume ihre Zeit. Kirschen, Trauben, Erdbeeren und andere Früchte, Gemüse oder Salate zeigen nicht mehr die jeweilige Jahreszeit an, sondern machen allenfalls durch höhere Preise darauf aufmerksam, dass sie nicht ganz in die Jahreszeit passen.

Schlittschuhe kann man längst auf Kunsteis benützen und schwimmen hängt von keiner Jahreszeit mehr ab. Wenn Kinder nicht gerade ländlich wohnen, wissen sie weder, wann Weizen, Gerste oder Hafer reifen, noch wann der Nussbaum geerntet wird.

Da sie nicht mehr unbeaufsichtigt draußen herumtollen können und da Straßen und Plätze zu gefährlich sind, spielen

126 Die gute alte Tradition

heutige Kinder weitestgehend drinnen. Ihr Spiel hat mit Jahreszeiten nichts zu tun, es ist quasi ganzjährig gleich. Dazu kommen die Erfindungen von Fernsehen, Kabel und Video. Und nicht zuletzt: der Computer.

Heutige Kinder haben nicht nur eigene Betten, sondern zumeist auch eigene Zimmer. Dort können sie so viel Licht einschalten, wie sie nur möchten und sich von den Tageszeiten unabhängig machen.

Für Kinder, und nicht nur für sie, gelten die Jahreszeiten praktisch als antiquiert. Damit machen auch jahreszeitlich bedingte Traditionen keinen Sinn mehr. Die Frage ist nur, ob wir gewillt sind, das ganz einfach so hinzunehmen. Ob wir bereit sind, den ungeheuren Verlust hinzunehmen, der darin besteht, dass wir unseren Kindern die Jahreszeiten und die jahreszeitlichen Traditionen ganz einfach vorenthalten.

Rückbesinnung ohne Rückschritt

In diesem Buch war viel die Rede von Regeln und Strukturen, von Bräuchen und Gewohnheiten. Keineswegs zum Selbstzweck. Ganz langsam werden wir Gewahr, dass unseren Kindern die Orientierung abhanden kommt. Sie wissen nicht mehr so recht, wo's langgeht und pendeln – mit viel Energie – zwischen Versuch und Irrtum.

Und uns, der mittleren und der älteren Generation, fehlt zunehmend der Mut, laut und deutlich über das zu reden und das zu tun, wovon wir wissen, dass es gut und erprobt ist. Zu sehr geraten wir in den Bann des Neuen und sind verunsichert, ob zu Zeiten von On-Line und Internet denn noch Jahreszeiten der Rede wert sind.

Ob Traditionen noch Geltung haben. Ob wir nach dem Ursprung von Festen fragen sollen, um sie notfalls wieder ihrem Ursprung anzunähern. Ob wir über Religion neu und ganz anders reden sollen. Bei alledem merken wir gar nicht, dass es uns die Kinder und Heranwachsenden ziemlich übelnehmen, weil wir so viel ungenutzte Zeit verstreichen lassen. Zeit, in der wir jammern, anstatt zu sagen: Es ist bei uns so Sitte, dass wir den guten alten Traditionen wieder Tür und Tor öffnen.

Wo immer bislang der Versuch unternommen wurde, Kindern einen Rückblick auf Vergangenes zu gestatten, war das Verständnis wesentlich größer als erwartet. Kinder begreifen recht gut, dass jede Zeit eine neue Zeit vorbereitet und dass keine Generation ohne die Kenntnisse und Fertigkeiten der vorigen auskommt.

Neue Zeiten – bessere Zeiten?

Im Augenblick sieht es leider so aus, als führe der Weg in die Informationsgesellschaft vorbei an Tradition und Brauch. Als käme sie ohne Bach und Wald und ohne Jahreszeiten aus. Es wird ein Trugschluss sein. Der Mensch braucht nichts so sehr wie den Menschen. Und was Menschen zusammenbindet, gründet auf Regeln, Riten und Traditionen.

Es ist kein Rückschritt, wenn wir uns, zusammen mit unseren Kindern, auf das besinnen, womit schon unsere Großeltern gute Erfahrungen gemacht haben: Das bewusste Leben im Jahreskreis. Mit all seinen Festen und Feiern, mögen sie nun religiöser Herkunft sein, aus heidnischer Vergangenheit kommen oder der engen Heimat entstammen.

Die gute alte Tradition bringt uns viel von dem Boden unter den Füßen zurück, den uns der rasende Fortschritt in den letzten Jahrzehnten entzogen hat. Fangen wir mit unseren Kindern an, damit sie nicht als Erwachsene mit leeren Händen dastehen.

Wir sind es uns und ihnen schuldig.